JIULAO GUOJI BIAOZHUN HETONG

救捞国际标准合同

（第二版）

王欣 ／ 编著

大连海事大学出版社
DALIAN MARITIME UNIVERSITY PRESS

图书在版编目(CIP)数据

救捞国际标准合同／王欣编著. — 2 版. — 大连：
大连海事大学出版社，2025.3. — ISBN 978-7-5632
-4680-9

Ⅰ.D993.5

中国国家版本馆 CIP 数据核字第 2025LL8019 号

大连海事大学出版社出版

地址:大连市黄浦路523号　邮编:116026　电话:0411-84729665(营销部)　84729480(总编室)

http://press.dlmu.edu.cn　E-mail:dmupress@dlmu.edu.cn

大连天骄彩色印刷有限公司印装　　　　　　　大连海事大学出版社发行

2011 年 12 月第 1 版　　2025 年 3 月第 2 版　　2025 年 3 月第 1 次印刷

幅面尺寸:170 mm×240 mm　　　　　　　　　印张:7.5

字数:121 千　　　　　　　　　　　　　　　印数:1~500 册

出版人:刘明凯

责任编辑:杨玮璐　　　　　　　　　　　　　责任校对:宋彩霞

封面设计:解瑶瑶　　　　　　　　　　　　　版式设计:解瑶瑶

ISBN 978-7-5632-4680-9　　　定价:19.00 元

第二版前言

　　《救捞国际标准合同》是大连海事大学与交通运输部救助打捞局校企共建的救助打捞工程本科专业系列教材之一。自2011年该教材第一版出版之后，LOF、WRECKHIRE等相关救捞国际标准合同内容已有较大更新，司法实务领域也有诸多新发展，我国正式加入《2007年内罗毕国际船舶残骸清除公约》，《中华人民共和国海商法》的修改也在紧锣密鼓地进行之中。因此，为使教材契合现实发展需求，体现"学以致用、用而促学"的特点，且反映行业最新的发展趋势，作者对第一版的内容进行了更新与增删，力求更好地适应法律发展变化对行业人才培养的新要求。

　　为适应救助打捞工程专业本科教学学时的需要，本次修订对第一版的篇幅进行了大幅调整，修订后的内容由四章组成：第一章为海难救助国际标准合同，围绕海难救助国际标准合同LOF和SCOPIC条款的2022年最新版本，对当事方的具体权利义务以及我国司法实践的态度进行了详细解读；第二章为残骸打捞清除国际标准合同，在全面分析残骸打捞合同概念及其与相关制度关系的基础上，对最新版本的残骸打捞清除国际标准合同的主要内容及其异同做了具体阐述；第三章为海上拖航国际标准合同，在论述海上拖航合同主要特点及法律适用之后，对最新TOWCON等海上拖航国际标准合同条款以及我国相关司法实践进行全面阐释；第四章为海洋工程服务国际标准合同，以最新版本的SUPPLY-TIME、HEAVYCON两个典型海工服务标准合同为样本，具体分析海工服务标准合同法律特征及其主要条款的法律意义。

　　与第一版相比，第二版具有如下特色：第一，第二版修订在编写模式上进行了优化，为全书在原创性与观点的整体性、统一性方面创造了更有利的条件。第二，为聚焦相关国际标准合同的核心内容，将第一版中与救捞业务关系不大的合同法基础、国际仲裁实务等章节以及附录部分予以删除，同时增加了国际标准合同最新发展动态等原创性内容的篇幅，使全书内容更加紧凑，主题更加突出。第三，紧密结合国际前沿研究成果与国内外相关案例，对相关标准合同内容进行全面、准确的分析，在海难救助与残骸打捞清除的区分和法律适用、拖航与救助关系的转化、法律规定与合同条款的适用关系以及标准免责条款法律效力等方面填补了国内相关领域教材和理论研究的空白。

    由于水平、时间和资料所限,本书的不足之处甚至错误难以避免,欢迎和感谢业内人士不吝赐教,以便将来不断修改、完善。

大连海事大学法学院　王欣

2025 年 2 月 19 日

第一版前言

我国作为一个拥有数千年历史的文明古国,古往今来国人所具有的机智谋略令人赞叹。但是,在现代国际商务交往中,中国企业在与外方打交道时经常处于不利境地,甚至遭受巨额损失,这也是我们不得不承认的现实。这一问题的症结可能主要在于对现代国际商务中通行的"游戏规则"——合同法的认识和运用的不足。

近年来,我国救助打捞事业取得了前所未有的发展,为保障海上人命和财产安全作出了巨大贡献。在完成保障海上安全的光荣使命的同时,我国救捞企业正在越来越广泛地参与到救助打捞和近海海洋开发利用等商业活动中。为使我国救捞企业在国际竞争中立于不败之地,掌握好国际上通行的救助、打捞、拖带、海洋工程服务等标准合同的主要内容和应用要点,了解相关合同和仲裁知识及解决争议的适当方法以防范法律风险至关重要。

为此,交通运输部救助打捞局将《救捞国际标准合同》列为"救助与打捞工程专业系列教材"中的一部,组成了编委会,召集了有实践经验的专家和学者共同编写,使这一工作得以高质量地完成。参加编写工作的各位同志也都以严谨的工作态度,认真负责的工作作风,搜集了大量资料,深入调查研究。在时间紧、任务重的情况下编写了这部教材,填补了国内相关书籍的空白。

在写作过程中,本书力图突出如下特点:(一)针对专业特点,侧重基本知识;(二)尽量避开抽象理论,突出理解应用;(三)语言简洁,易于理解,注重实用;(四)准确、全面反映最新条款;(五)结合案例,培养应对和解决涉及法律问题的能力。在将来的教学实践和专业研究中,作者将不断丰富完善教材的相关内容,使其更具实用性和参考价值,更好地为我国的救助打捞事业服务。

在编写过程中,作者得到了我国救捞系统很多专家的大力支持和热情帮助,他们提供的宝贵资料和建议使本书内容更为实用和准确,对他们的无私支持和帮助,作者表示由衷的感谢。大连海事大学法学院2009级海商法研究生张丽芳同学、卫鹏同学对本书第一章和第六章的编写也做了很多工作,在此一并致谢。

1

由于水平、时间以及资料所限,本书的不足之处在所难免,欢迎和感谢业内人士和读者批评指正,以便将来修改、完善。

大连海事大学法学院　王欣

2011 年 8 月 15 日

目　录

第一章

海难救助国际标准合同

第一节 概述

《中华人民共和国海商法》(以下简称《海商法》)第 175 条规定:"救助方与被救助方就海难救助达成协议,救助合同成立。"在救助活动中,救助方与被救助方往往通过签订救助合同的方式确定各自的权利义务,并以该合同作为解决双方争议的依据。因此,救助合同的内容对于保障救助活动中各当事方的利益十分重要。

根据海商法相关规定,救助方对于被救助方提供的救助服务只要满足法律上海难救助的构成要件,前者就有权请求或者被支付救助报酬,即使双方未签订救助合同亦然。反之,如果救助方所提供的服务不完全满足海难救助的构成要件,比如救助行为没有效果,则根据著名的"无效果-无报酬"原则,救助方就无权取得救助报酬。

虽然救助方有权根据法律主张被救助方支付救助报酬,但考虑到救助合同能使各方的法律地位更加明确从而有利于防止或减少争议,当前国际上的救助作业仍几乎离不开救助合同。一般情况下,救助作业是在救助合同签订之后才开始的。但在紧急情况下,救助方也可能先开始救助作业,而后双方在救助过程中再正式签订合同。与国际航运中常见的租船合同或保险合同相似,救助合同通常也采用标准合同形式。目前,世界上最著名的救助合同为英国劳合社标准格式救助合同（Lloyd's Open Form, LOF），其在国际上已经得到普遍认可和使用。

第二节　海难救助国际标准合同条款

一、LOF 的历史发展

LOF 的雏形出现于 1890 年，是英国劳合社保险人和达达尼尔海峡地区的某些拖船船东达成的首个遵循"无效果–无报酬"原则的救助合同。这个合同本来是为了某次特定的救助个案制定的，却迅速成为当地通用的救助合同标准格式。随后，这个合同格式的影响力进一步扩大，到 1908 年，首个 LOF 正式出版。

自 1908 年起至今，LOF 历经了 13 次修订，最近的一次修订是在 2020 年，修订后的版本被称为"LOF 2020"。一百多年来，LOF 一直在海难救助领域被广泛使用，鉴于它的广泛影响，在一定程度上对于海难救助法具有"准公约"的地位。[①] 然而，根据劳合社的统计数据，近年来 LOF 仲裁的案件数量呈下降态势，例如在 2017 年至 2022 年的 6 年间，案件数量已经从 63 件降至 34 件。[②] 尽管案件数量的减少可能与技术进步和安全性能的提升有关，但也说明相关方对 LOF 的接受度有所降低，转而采用其他救助标准合同替代的情况增多。[③]

LOF 规定该合同以及根据合同进行的有关仲裁应当适用英国法。[④] 但是，由于国际社会和航运界对该合同的充分支持，其内容实际上已超出了英国法的范围。例如，LOF 1990 就并入了《1989 年国际救助公约》（以下简称

[①] 胡正良主编：《海事法》，法律出版社 2009 年版，第 122 页。

[②] 参见劳合社网站，https://www.lloyds.com/resources-and-services/lloyds-agency/salvage-arbitration-branch/lof-statistics.

[③] *The challenges to Lloyd's Open Form salvage contract—from a shipowner's perspective*, https://www.gard.no/web/updates/content/29246093/the-challenges-to-lloyds-open-form-salvage-contract-from-a-shipowners-perspective.

[④] 如 LOF 2000 之 J 条款的规定，"This agreement and any arbitration hereunder shall be governed by English law"。

《救助公约》)的许多规定,而当时公约还没有生效(公约是 1995 年生效的),从而使得航运界和救助行业能够提前从中受益。又如 LOF 2000 并入了船东互保协会特别补偿条款(SCOPIC 条款),这是由各相关行业共同设计的新机制,旨在解决实际碰到的《救助公约》本身难以解决的问题。

二、LOF 2020 的主要条款

LOF 2020 的全称为劳合社标准格式救助合同 2020 年版。LOF 2020 主要由 3 部分组成。第 1 部分为表格,共分 9 栏,用以填写双方通常在救助开始前即应确定的合同内容。第 2 部分包括 A 至 L 共 12 个条款,主要对救助方和被救助方的权利义务、SCOPIC 条款的地位以及争议解决方式和准据法等内容作出规定。另外,该部分还包括救助担保、并入条款、仲裁裁决以及救助方的通知等 4 项重要通知。第 3 部分包括可以并入 LOF 2020 的劳合社救助仲裁条款(LSAC 条款)、劳合社程序规则和可以并入的 SCOPIC 条款等内容。以下是关于 LOF 2020(以下简称"本合同")第 1 部分和第 2 部分主要内容的介绍与讨论。

(一)第 1 部分 表格

1. 第 1 栏 救助方名称、第 2 栏 被救助财产

在第 1 栏和第 2 栏中载明的人为本合同的当事人,分别称为救助方和被救助方。代表救助方和被救助方签署合同的人必须取得他们本人的授权。

但是,根据《救助公约》和我国《海商法》的有关规定,遇险船舶船长有权代表该船船舶所有人签署救助合同,遇险船舶船长或船舶所有人有权代表上述被救助方签署救助合同,被救助方(包括遇险船舶所有人和船上财产所有人或运费权利人等)应受遇险船舶船长或船舶所有人代表其签署的本合同条款的约束。①

根据英国法,除救助方以外,参与救助的救助方的船长、船员、其他受雇

---

① 《救助公约》第 6 条第 2 款规定,"The master shall have the authority to conclude contracts for salvage operations on behalf of the owner of the vessel. The master or the owner of the vessel shall have the authority to conclude such contracts on behalf of the owner of the property on board the vessel"。我国《海商法》第 175 条第 2 款规定:"遇险船舶的船长有权代表船舶所有人订立救助合同。遇险船舶的船长或者船舶所有人有权代表船上财产所有人订立救助合同。"

人或代理人在某些情况下亦有权单独请求救助报酬。① 但是，根据并入本合同的劳合社救助仲裁条款2020年版本（LSAC 2020）第17.1条②，救助方有权代表参与救助的救助方受雇人、代理人请求救助报酬，并应按被救助方要求提供合理担保，以赔偿被救助方由于遭到被救助方受雇人或代理人索赔或对其承担责任而遭受的损失。

2. 第3栏约定的安全地点

根据本合同，救助方有义务尽最大努力救助约定的被救助财产并将其送到第3栏所载明的地点或者有关方事后约定的安全地点。如果有关方既没有在本栏载明约定的安全地点，也没有事后约定应将被救助财产送至的地点，则救助方应当将财产送至一个安全地点（a place of safety）。

本合同第2部分H条规定，当被救助财产在第3栏约定地点、当事人约定地点或根据该部分A条所确定的地点处于安全状态（safe condition）③之时，救助方合同项下的义务即视为履行。

另一方面，在被救助财产处于安全地点的情况下，根据《海商法》第178条，被救助方有义务及时接受救助方移交的被救助财产。出于降低风险的考虑，救助方也应当尽快将财产移交给被救助方，否则如果移交前财产遭受进一步损失从而降低其获救价值，则救助方有权获得的救助报酬也将会相应减少。假如救助方在救助服务不再必需的情况下为增加救助费用之目的而拒绝向被救助方交付财产，法院将不会支持在此之后的救助费用请求，甚至可能对救助方应得的救助报酬予以扣减。④

安全地点的确定是一个事实问题，取决于财产所处的环境和案件其他有关事实。而且，安全地点对于同一救助作业中的不同被救助财产不一定是相同的。

在"特洛伊罗斯（The Troilus）"案中，波特勋爵（Lord Porter）认为，某船

---

① John Reeder, *Brice on Maritime Law of Salvage*, Sweet and Maxwell, 2003, p. 327-328.

② 原文如下，"The Contractors may claim salvage on behalf of their employees and any other servants or agents who participate in the services and shall upon request provide the Owners（作者注：即LOF 2020 第1部分第2栏所约定财产的所有人）with a reasonably satisfactory indemnity against all claims by or liabilities to such employees, servants or agents"。

③ 关于"安全状态"的含义，参见下文H条款的介绍。

④ 参见《海商法》第187条："由于救助方的过失致使救助作业成为必需或者更加困难的，或者救助方有欺诈或者其他不诚实行为的，应当取消或者减少向救助方支付的救助款项。"《救助公约》第18条"the effect of salvor's misconduct"的规定亦同。

是否到达安全地点依赖于每一案件的事实,包括该船所在地是否有必要的修理设施,安全卸下、存储其所载货物并继续运往目的地的可能性,以及货物受损的可能等。[①]

本书认为,判断某地是否为安全地点,除处于该地点的被救助财产本身状况必须安全外,还应综合考虑被救助财产(包括但不限于船舶及其所载货物)的整体利益,救助方和被救助方根据有关法律和合同所负有的环境保护义务[②],以及救助方和被救助方在本合同下的终止权[③],等等。

为避免有关方事后对被救财产的安全地点产生争议,建议救助方最好在救助开始时或者在救助进行中对获救财产应当送达的安全地点与被救助方达成协议,并载明在本合同的第3栏中。

3. 第4栏至第9栏

第4栏至第9栏的内容为:

(1)第4栏,约定的仲裁裁决和担保所使用的货币;

(2)第5栏,合同签订日期;

(3)第6栏,合同签订地点;

(4)第7栏,SCOPIC条款是否并入本合同? 是/否;

(5)第8栏,救助方代表签字;

(6)第9栏,船长或其他被救助方代表签字。

(二)第2部分 标准条款

1. A条款——救助方的基本义务

本条规定,救助方根据本合同同意尽最大努力救助约定的财产并将其送至约定的地点。

《救助公约》第8条规定,救助方应当以应有的谨慎(due care)进行救助作业,《海商法》第177条也使用了同样的措辞。因此,在对本合同规定的救助方义务标准"尽最大努力"(best endeavours)作解释时,可能要超过法律规定的"应有的谨慎"标准。总体来说,尽最大努力的认定是一个事实问题,在当事人有争议的情况下,根据本合同的仲裁条款,应由仲裁员根据案件的具体情况予以认定。可以明确的是,尽最大努力不要求救助方亲自完

①　John Reeder, *Brice on Maritime Law of Salvage*, Sweet and Maxwell, 2003, p. 114.
②　参见《海商法》第177条和第178条,《救助公约》第8条以及 LOF 2020 第2部分 B 条款。
③　参见 LOF 2020 第2部分 G 条款。

成或实施救助作业,救助方有权利与其他救助人订立分包合同以完成本合同约定的救助作业。这一权利也是本合同所允许的,例如根据 LSAC 2020第 17.2 条,为履行本合同第 2 部分 A 条款和 B 条款约定的义务,救助方可以委托分合同人实际实施救助,但救助方向被救助方承担的各项义务不因此被免除或受影响。在救助方委托其他救助人实施救助或者接受其他救助人参与救助要求的情况下,可能会有助于救助方证明其履行了本条规定的尽最大努力救助的义务。另外,在救助方难以尽到最大努力救助的情况下,根据本合同其也有权选择终止救助服务。①

2. B 条款——环境保护

本条规定,在实施救助作业时,救助方应尽最大努力防止或减少对环境的损害。另外,根据《救助公约》和《海商法》,救助方和被救助方在救助作业过程中均应以应有的谨慎防止或减少环境污染损害。而且根据《救助公约》,该义务属于强制性义务,救助作业当事方均不得以合同方式减轻或变更。②

本书认为,在救助方未履行救助义务而发生环境损害的情况下,比如救助方未及时完成抽油作业导致船舶漏油造成环境损害,此种环境损害似乎难以归结于救助方违反环境保护义务,故受害人可能无权请求救助方承担环境污染责任。但是,如果被救助方(漏油船舶所有人)因此承担污染责任,其应有权向救助方追偿。通常情况下,救助方违反环境保护义务可能导致其救助款项请求权被全部或者部分剥夺。③而对于救助方在救助过程中为履行环境保护义务而产生的合理费用,应当纳入救助报酬或者特别补偿的范围请求被救助方支付。

3. C 条款——SCOPIC 条款

本条是关于 SCOPIC 条款在本合同中地位的规定。根据该规定,除非本合同当事人(通常为救助方与被救助船舶所有人)明确选择适用 SCOPIC 条款,该条款对根据本合同实施的救助作业并不适用。关于 SCOPIC 条款的

---

① 参见 LOF 2020 第 2 部分 G 条款。
② 《救助公约》第 6 条救助合同规定,"1. This Convention shall apply to any salvage operations save to the extent that a contract otherwise provides expressly or by implication. … 3. Nothing in this article shall affect the application of article 7 nor duties to prevent or minimize damage to the environment"。
③ 参见《海商法》第 182 条第 5 款:"由于救助方的过失未能防止或者减少环境污染损害的,可以全部或者部分地剥夺救助方获得特别补偿的权利。"

内容及其适用的具体条件,见本章第三节的具体阐述。

4.D 条款——其他救济的效果

本条重申了救助方取得救助报酬的基本原则,即"无效果-无报酬"原则。但本条同时承认根据《救助公约》第 14 条或者 SCOPIC 条款取得的特别补偿不是根据"无效果-无报酬"原则确定的,并且这些"无效果-无报酬"原则的例外情况不得导致救助报酬的减少。

特别补偿作为"无效果-无报酬"原则的例外是由船舶所有人(或其保险人)单独承担的。建立特别补偿制度的目的在于,在按"无效果-无报酬"原则确定的救助报酬由于救助没有效果而减少甚至没有救助报酬的情况下,鼓励救助方进行救助。

应当注意的是,本条规定的例外情况并不能减少救助方根据"无效果-无报酬"原则有权获得的救助报酬。《救助公约》第 13 条也没有规定,救助方的救助报酬可以因为第 14 条规定的特别补偿的救济而被减少。SCOPIC 条款本身也规定,救助方根据《救助公约》第 13 条有权获得的救助报酬在数额上不得因 SCOPIC 条款所规定的报酬而被减少。

需要指出,本合同没有对救助报酬的具体确定或者计算方式作出规定,原则上救助方有权取得的救助报酬应当根据"无效果-无报酬"原则确定,但特别补偿请求或者 SCOPIC 报酬请求除外。"无效果-无报酬"原则也是《救助公约》和我国《海商法》所规定的救助报酬的确定原则,具体救助报酬的金额应当体现对救助作业的鼓励、不得超过被救助财产的获救价值并综合考虑 10 项因素。[①] 在当事人就本合同有权获得的救助报酬有争议的情况下,该争议应当根据 LSAC 条款提交仲裁解决。在国际上,由于相当多的救助作业均订立 LOF,因此大量的救助报酬争议案件当前均由仲裁员审理和裁决。基于商业隐私保护和保密性等仲裁原则,对于这些案件救助报酬具体认定的了解只局限于小范围的专业人士,难以被其他业内人士通过公开渠道掌握。但是,并不能因此得出救助报酬金额是基于仲裁员的自由裁量作出的结论。相反,救助报酬金额应当严格遵守公约或国内法规定的原则和因素,只是由于具体案情千差万别而无法确定严格统一的法律标准。

在国内,在合同对救助报酬未作约定的情况下(例如签订 LOF),救助报酬的认定也是一个司法难题。司法实践中几乎找不到根据"无效果-无报

---

① 参见《救助公约》第 13 条和《海商法》第 180 条。

酬"原则和我国《海商法》规定的 10 项因素确定救助报酬金额的司法案例。

在中华人民共和国汕头海事局诉信盈海运有限公司等海难救助报酬纠纷案[（2007）广海法初字第 352 号]中，被告所属"信盈"轮主机故障导致失控。在原告"海巡 31"轮的守候与护航下，该轮被成功拖带至深澳锚地。原告诉请被告支付救助报酬。法院认为：原告行为符合海难救助的构成要件，取得了救助效果，有权依照《海商法》第 179 条获得救助报酬。由于双方未约定救助报酬的数额，也未约定计算救助报酬的方式，因此，应依照《海商法》第 180 条的规定确定。广州海事法院在综合考虑"信盈"轮面临的危险和"海巡 31"轮所冒的风险，原告耗费的救助成本和提供服务的及时性，原告在救助船舶、其他财产和人员方面的技能和能力，救助的效果等因素的基础上，确定了被告应当支付的救助报酬金额，并且对于被告按照《中华人民共和国交通部国际航线海上救助打捞收费办法》计算救助报酬的主张不予支持。

在石岛新港港务股份有限公司与帝远股份有限公司海难救助合同纠纷案[（2019）粤 72 民初 2490 号]中，广州海事法院认为：原告安排拖船对被告 4 艘船舶进行应急监护，目的是保护船舶安全，属于救助行为，取得了救助效果，有权获得救助报酬。在本案未确定作业计费方式的情况下，原告按照《港口收费计费办法》计算救助报酬的主张得到了法院的支持。

另外，当被救助财产处于危险中，而救助方和被救助方以本合同格式签订合同实施救助的情况下，如果双方事后对救助方的服务是否属于救助产生争议，则根据本条措辞，即"救助方的服务应以'无效果－无报酬'原则被实施和接受"，法院应当会认定有关服务属于救助，救助方有权按照救助法律要求对方支付救助报酬。[①] 另一方面，在不具备海难救助要件的情况下，例如被救助财产并未处于危险中，即使按本合同格式签订了合同，应不能将有关服务转变成法律上的救助，提供服务方的救助报酬请求不能成立。

5. E 条款——事先的服务

实践中，为了尽力减少损失或避免损失扩大，取得最好的救助效果，救助方可能在救助合同正式签订之前就已经开始了救助服务。本条明确，只要当事方就救助服务最终按 LOF 格式签订了救助合同，则救助方提供的任

---

① 参见 The Beaverford（Owners）v. The Kafiristan（Owners），[1938] AC 136，引自 John Reeder，*Brice on Maritime law of Salvage*，Sweet and Maxwell，2003，p. 553.

何救助服务都应受本合同约束(即使有关服务在合同签订前就已经开始),以避免可能发生的争议。

6. F 条款——被救助方的义务

本条对被救助方在救助中和在救助作业及其他方面与救助方全力合作的明确规定,对救助方十分重要。为满足救助需要,比如对遇难船进行起浮或卸下船上货物时,救助方要利用船上的机器或船吊等设备,还需要被救助船舶或其货物的有关图纸,包括但不限于积载图、货物和燃油情况以及其他技术数据等,特别是在船上装载了有毒有害化学品等货物或冷藏集装箱的情况下。对此,本条第 i 款和第 ii 款作明确规定。

显然,在救助作业中,救助方应当与被救助方(主要是船舶所有人)在现场的受雇人或代理人进行良好的联络和配合。表面看来被救助方应当愿意与救助方合作,因为这样有利于其财产获救,而实际中有时却并非如此。例如,不排除船舶所有人为其商业利益考虑,可能更愿意向保险人索赔船舶全损,而并不真正希望船舶获救。尽管船舶所有人通常不会积极采取行动阻碍对船舶的救助(这样做会违反其对保险人所负的尽力减少损失义务),但却可能怠于与救助方的积极合作。在被救助方不积极合作的情况下,救助方可以根据本条规定向仲裁员申请强制被救助方履行义务,或者主张被救助方违反合同而请求赔偿。

在救助方将被救财产送达合同约定的地点时,本条第 iii 款关于被救助方与救助方全力合作以获准进入该地点的规定有时对救助方至关重要。例如,在一条获救的装有原油的受损油船被送至一个港口时,有关港口当局通常会要求船东或其保险人提供担保,以承担港口可能遭受损害的赔偿责任。在此情况下,由救助方安排提供担保不仅极其困难而且不合理,而船东作为被救助方则应当按照本条规定配合安排并向港方提供担保。同时,在允许被救船进港前,港口当局还可能要求提供船舶的详细信息或情况,这些都应当由船东配合提供。

需注意的是,本条第 iii 款仅规定被救助方应当与救助方全力合作以获准进入,而未明确未被获准进入的责任是由救助方还是被救助方承担。在港口方因未能取得担保而不准许遇难船进入致使救助服务终止的情况下,谁应当对此结果负责应当综合考虑案件的具体情况进行判断。一般说来,多数情况下,当事人的意图是救助方应当主要负责救助作业的实际执行,而不应被卷入复杂的商业安排中,如向港口方提供担保等,否则无异于使救助方在救助服务结束之后还将继续受到合同约束，这是不合理的。

同样，被救助方应当合理、迅速地接受救助方移交的被救助财产也是很重要的，原因在于，一旦被救助方接受移交，救助方将不再承担照管被救助财产的责任和费用；其次，港口当局有时只有在船东迅速接收遇难船并对其承担责任的情况下才愿意同意遇难船进入其港口。

通常情况下，在救助服务结束的当时或以后，救助方会向被救助方提交一份交还证书（certificate of redelivery）供船东或船长签署。

7. G 条款——终止权

在 LOF 1995 中，只有被救船船东享有终止救助的权利。① LOF 2000 首次在本条中增加了救助方终止权的规定，在 LOF 2020 中，本条规定保持不变。但根据本条，货物所有人仍不具有终止权。

被救船船舶所有人或救助方在本条下终止权的行使条件为"对于可产生救助报酬的有效结果不再有任何合理希望"。从措辞看，本条中的"有效结果"（useful result）应指财产救助的有效结果，而不包括防止或减轻环境损害的有效结果。这一条件是否满足，可以根据遇难船的物理状态或者继续救助将产生的全部费用与可能获救价值进行比较并作出判断。如果一方对另一方根据本条行使终止权有争议，其可以根据本合同将这一争议提交仲裁裁决。

对于本条的理解，应当注意：

（1）救助服务的终止权可以由被救助船舶所有人行使，也可由救助方行使，并且无须另一方同意。但被救货物所有人无权行使该权利。被救助船舶所有人或救助方根据本条行使的终止权对货物所有人有约束力。

（2）行使终止权一方（被救助船舶所有人或救助方）应向另一方发出书面通知，但无须向货物所有人发出通知。

（3）终止权是权利而不是义务。如果船舶未行使终止权，即使救助服务不再有能产生救助报酬的合理希望，救助方仍可以继续进行救助以争取获得效果和报酬，而不是放弃救助服务，并且不能收回他们的任何费用。

（4）当救助方启用 SCOPIC 条款时，则 SCOPIC 条款有关规定应当适用。

8. H 条款——视为完成

本规定适用于，救助方将处于受损状况的遇险财产送至一个安全地点，

---

① 参见 LOF 1995 第 4 条，亦可参考《海商法》第 186 条和《救助公约》第 19 条关于遇险船船长、所有人或其他财产所有人拒绝救助的规定。

而财产所有人尚未接受移交,并且仍需要进一步工作的情况。在没有签订合同的纯救助情况下,救助人一般没有向遇险财产所有人继续提供救助服务的义务,而是有权决定是否继续进行救助服务。

尽管本合同规定了救助方实施救助的合同义务,但该义务应持续多长时间并不明确。如果被救助财产所有人(包括船舶所有人和货物所有人等)可以向保险人索赔救助费用,由于有关费用最终被救助财产保险人承担,船舶所有人就有可能拖延接受被救助财产;另一方面,在被救助方未履行LSAC 条款规定的提供担保义务的情况下,救助方也可能拒绝移交被救助财产,从而拖延救助服务实际终止的时间,增加救助方的经济负担和救助风险。

更重要的是,根据本合同救助方负有将被救助财产送至约定地点(第 3栏载明的地点或事后约定地点)的义务。显然,如果由于被救助方未能履行其义务(根据 F 条款被救助方应当与救助方全力合作使被救助财产获准进入约定地点),或者由于港口当局滥用权力拒绝被救助财产进入相应地点,救助方将难以履行上述义务。

为解决上述问题,劳合社委员会于 LOF 2000 中新增加了本条规定,并在 LOF 2020 中继续沿用。在救助方负有将被救助财产送至约定地点的救助义务的同时,本条赋予救助方一项新的权利,在被救助财产处于安全状态,在有关当局没有要求救助方继续守候并且救助方的专业性技术不再是防止财产进一步损失所必需的情况下,则救助服务和义务应视为已经履行,救助方有权根据合同请求救助报酬,无论被救助财产是否被送至合同约定或当事人事后约定的安全地点。尽管本条规定并不能完全解决实践中可能发生的各种复杂情况,但至少为救助方是否已经履行其救助服务提供了一个原则性的判断依据,争议双方可据此协商解决,这有利于保护救助方的利益。如果事实复杂,双方不能通过协商解决,相关争议可以提交仲裁员作出中间仲裁裁决。

本条实际上规定了法律所要求的财产可以被认为已经获救(salved)的两个条件:第一,不论从其物理状况还是从其所在地点来看,财产都处于安全状态。而财产是否已处于安全状态,可以依据当局是否要求救助方继续守候来判断。第二,即使没有救助方的专业救助服务,遇险财产也不会遭受灭失或进一步的严重损害或延误。大多数情况下,到移交时遇险财产已经因火灾、搁浅、碰撞或机器失灵而受损,当其到达安全地点时,仍需要接受日常性质的服务,如安排人员在船上值守,港作拖船守候待命,供应电力和燃料,用便携式水泵排水等。但这些服务可以由一般的港口设施提供,而无须救助人的专业技能,故此种情况下本条应当适用,即救助服务应视为履行。上述"遇险财产也不会遭受灭失或进一步的严重损害或延误"是否已经具备是事实问题,需要根据个案事实予以确定。

总之,根据本条规定,在满足上述两个条件的情况下,救助方可以认为救助服务已经完成而不必为维护被救助财产安全被迫留守并承担高额费用,同时对于被救财产也有利。因为,在本条规定的救助视为完成的情况下,此后的日常待命服务时间或者费用将不能以救助费用标准来计算,除非港口当局要求救助方继续提供救助服务或者被救助方无法按一般市场价格得到其他维护服务。

9. I 条款——仲裁和 LSAC 条款

本条规定,本合同下产生的包括救助报酬、特别补偿在内的任何争议都应当根据 LSAC 条款通过仲裁解决,仲裁地点在伦敦。当然,根据 LSAC 条款第 8.2 条,当事方也可以约定在伦敦以外的其他地点进行全部或部分仲裁,但当事方需同时约定关于支付仲裁员差旅费和住宿费的条款,而且此种约定须经劳合社委员会批准。

10. J 条款——准据法

在救助作业当事方按 LOF 格式签订了救助合同的情况下,根据本条,与合同和救助有关的任何争议应当根据英国法解决。当然,当事方在签订 LOF 时有权另行约定其他国家的法律作为解决争议的准据法,在此种情况下英国法将不再适用,而应适用当事方约定的法律。如果当事方不能另行约定准据法,则还是应当适用英国法解决救助合同下的争议。在当事方都是我国当事人的情况下,即使按照 LOF 格式签订救助合同,为便于将来争议的解决,当事方在可能的情况下也可以另行约定适用中国法并在中国仲裁。当然,LOF 中的有些内容,如 SCOPIC 条款,根据我国法律和实践进行操作和适用可能存在困难或不明确之处,这也表明我国相关法律或救助合同条款亟须改进和完善。

11. K 条款——授权范围

关于合同签字人的授权问题,根据《救助公约》第 6 条第 2 款,遇险船舶的船长有权代表该船所有人签订救助合同,遇险船舶的船长或船舶所有人有权代表船上财产所有人签订此种合同。本合同 K 条款确认了《救助公约》的这一规定。根据 K 条款,合同签字人是代表被救助各财产所有人签订救助合同的,并对这些人有约束力,但该救助合同对签字人本人没有约束力,而且签订该救助合同的一方也不应承担其他被救财产所有人根据本合同所应承担的义务。

12. L 条款——禁止劝诱

制定本条的目的是防止船长或在合同上签字的其他人接受救助方的贿赂以订立本救助合同。如果有接受任何贿赂的情况,则如此订立的合同就违反公平原则,根据法律可能会被废止或变更。[①]

第三节　SCOPIC 条款

一、SCOPIC 条款的发展历史和特点

SCOPIC 条款的英文全称为 Special Compensation P&I Club Clause,中文为船东互保协会特别补偿条款。该条款是 LOF 的一个补充条款,其目的是为救助当事方提供一种简单、清楚的计算特别补偿的方法,以解决根据《救助公约》第 14 条或相关国内法规定确定特别补偿数额所产生的问题。

由于《救助公约》创设的特别补偿制度可有效鼓励救助人在救助作业中尽力减少环境损害,原则上,这一制度对于环境保护是有利的。但是,对于1997 年英国法院根据该规定所判定的"长崎精神(The Nagasaki Spirit)"案[②]的结果,救助方和作为被救助方代表的船东互保协会[③]都不满意。该案暴露出的特别补偿制度的不完善之处主要体现在:

(1)根据《救助公约》第 14 条,整个救助期间救助方都有权取得特别补偿,船东互保协会担心救助方可能为获得更多特别补偿而故意拖延救助时

[①] 参见《海商法》第 176 条和《救助公约》第 7 条。

[②] [1997] 1 Lloyd's Rep 323.

[③] 船东互保协会(P&I Club)是船东自愿结合互相保险和赔偿的非营利性机构,主要承保船舶保险人所不愿承保的、与船舶营运有关的船东应承担的责任(即船东责任风险)。船东互保协会承保的责任风险范围很广,其中包括在海难救助中可能产生的应由船舶所有人承担的特别补偿费用。

间,而船舶保险人也可能因推迟认定船舶构成推定全损而使救助时间延长,船东互保协会却不能采取有效措施控制救助时间的不合理延长。

（2）根据《救助公约》第 14 条,只有在救助方能够证明存在环境损害威胁的情况下才能适用救助补偿的规定,而且特别补偿规定的适用也存在地理范围的限制,这些条件不利于维护救助方的利益,也引起了救助方对《救助公约》规定的担心。

（3）因为《救助公约》所规定的"公平利率"不包括利润因素,则救助方只有在防止或减少了对环境损害的情况下,才能得到相当于 30% ~ 100% 的救助费用的补偿,救助方认为这一规定不公平。

鉴于上述的不完善,救助方、船东互保协会和船舶保险人的代表,即国际救助联盟、国际船东保赔协会集团、财产保险人以及国际航运公会四方代表经过协商,最终提出了一种既能加快海难救助速度,又能减少特别补偿争议的解决办法,即 SCOPIC 条款。该条款于 1999 年 8 月 1 日正式使用,它是各方妥协的产物,也是各方利益平衡的产物,它替代了《救助公约》中烦琐的特别补偿核算方法,预先设定了固定的、可接受的各种费率和奖励比例,并规定在启用 SCOPIC 条款时不考虑是否存在环境损害威胁,从而避免在每个案件中都需要对各项人工、船艇、设备等的合理费率进行认定,大幅度减少了重复劳动和特别补偿费用核算的工作量,是一种操作性强,能够快速解决特别补偿问题的商业化运作模式。国际船东保赔协会集团和国际救助联盟均推荐其成员在签订 LOF 时将该条款并入。目前,SCOPIC 条款的最新版本是 SCOPIC 2020。

根据 SCOPIC 条款第 1 条和本合同 C 条款,SCOPIC 条款是救助方和被救助方可以选择适用的一个独立于 LOF 的条款,由 16 条主条款和 A、B、C 三个附录组成。附录 A 是关于使用人员、拖船和其他船艇、便携式救助设备等的费率表;附录 B 是关于船东事故代表(Special Casualty Representative, SCR)的规定;附录 C 是关于特别代表(special representative)的规定。

二、SCOPIC 条款主条款的内容

1. 一般规定

该条规定,本合同中的定义对 SCOPIC 条款同样适用。在 SCOPIC 条款与主协议条款不一致的情况下,前者应当优先适用。

在 SCOPIC 条款被启用的情况下,其所规定的确定方法将取代《救助公约》第 14 条规定的特别补偿的确定方法。《救助公约》第 14 条的适用条件是"对环境构成损害威胁"(threaten damage to the environment)①,而 SCOPIC 条款的适用则并不要求这一条件。

2. SCOPIC 条款的启用

该条规定,只有救助方才有权启用 SCOPIC 条款,而且救助方有权选择启用该条款的时间,无论被救助船舶或其上货物是否"对环境构成损害威胁"。但是,救助方只有向被救助船舶所有人发出书面通知才能启用 SCOPIC 条款,并按该条款规定计算酬金金额,救助方此前提供的救助服务不能按照 SCOPIC 条款确定酬金。

对上述第 1 条和第 2 条的理解应注意以下几个方面:

(1)SCOPIC 条款是一个独立于 LOF 的条款。如果救助方希望该条款对救助适用,则必须作出明确的意思表示(即向船舶所有人发出书面通知)以启用(invoke)该条款,否则该条款不能自动成为合同条款而约束当事人。

(2)在 SCOPIC 条款被启用的情况下,该条款将取代《救助公约》第 14 条的规定,无论该条款是否在对环境构成损害威胁的情况下被启用。

(3)即使救助方启用了 SCOPIC 条款,被救助船船舶所有人仍然有权根据该本条款第 9 条终止其适用。

(4)即使当事人将 SCOPIC 条款并入主协议,在该条款被启用之前,救助方无权依据该条款主张 SCOPIC 酬金。但是,一旦 SCOPIC 条款并入 LOF,即使其未被启用,救助方也无权根据《救助公约》第 14 条请求特别补偿,除非救助方根据 SCOPIC 条款第 4 条行使撤销权或终止权。

(5)SCOPIC 条款的适用没有地理上的限制,也没有被救助船舶或其货物"对环境构成损害威胁"的要求。

---

① 《海商法》第 182 条(对应《救助公约》第 14 条)的用词是"构成环境污染损害危险"。

3. SCOPIC 酬金的担保

该条规定的 300 万美元担保仅是初始担保，而不是最终的。如果救助方合理估算 SCOPIC 酬金金额加上利息和费用超过已设置的 300 万美元担保金额，救助方有权要求船舶所有人追加担保；反之，船舶所有人有权要求降低担保金额。而且，该条规定只要求船舶所有人提供其支付 SCOPIC 酬金的担保，而不适用于救助方要求被救助方提供的救助报酬担保。

SCOPIC 条款关于担保的规定是对《海商法》相关规定的补充。根据《海商法》，不论是对救助报酬还是特别补偿，救助方都只能在救助作业完成时才能要求被救助方提供担保。① 而在救助完成后，由于财产的危险已经解除，被救助方可能不会积极提供担保，从而不利于对救助方利益的保护。

如船舶所有人未能按照该条规定向救助方提供初始担保或者追加担保，救助方有权根据本条款第 4 条行使撤销权。

4. 救助方的撤销权与终止权

该条规定，如果船舶所有人未能及时提供初始担保，救助方有权选择撤销 SCOPIC 条款，并根据《救助公约》的规定确定其救助报酬和/或特别补偿。如果船舶所有人未能及时提供追加担保，救助方有权选择终止救助服务，并要求船舶所有人支付已经发生的 SCOPIC 酬金。

需要指出的是，该条仅仅规定船舶所有人有义务提供担保，而船东互保协会或船舶保险人并不直接负有向救助方提供担保的义务。

5. 费率表费率

该条规定是 SCOPIC 条款的核心条款之一。第（i）款规定了"SCOPIC 酬金"的定义，该酬金的组成及其确定方式如下：

（1）使用自己的船舶、人员、设备所应得的补偿（the tariff rates of personnel；tugs and other craft；portable salvage equipment）。该补偿金额根据附录 A 中的救助当时现行适用的费率计算得出。

（2）实际支出费用（out of pocket expenses）。它是由救助方或代表救助方合理支付给任何第三方的费用，包括人员、设备费用和进行救助作业合理必需的其他费用。现付费用金额确定方式：

①对于雇佣其他 ISU 成员的人员、拖船或设备，以附录 A 中的费率计算

---

① 《海商法》第 188 条规定，被救助方在救助作业结束后，应当根据救助方的要求，对救助款项提供满意的担保。

费用金额,不考虑实际成本。

②对于雇佣非 ISU 成员的人员、拖船或设备且有关费率超过附录 A 中的费率标准的,则在船东事故或仲裁员代表认为合理的情况下,以实际成本作为费用金额。

(3)标准奖金(standard bonus)。在现付费用按附录 A 中费率计算的情况下,奖金金额按有关补偿和费用金额的 25% 计算;在现付费用按高于附录 A 中费率标准计算的情况下,救助方有权收到的现付费用加奖金应达到:(a)以按附录 A 中费率标准计算的费用金额的 125% 或(b)以实际成本计算的费用金额的 110%,二者以高者为准。

由该条规定可知,在救助方将并入 LOF 并且启用 SCOPIC 条款的情况下,其所能够获得的 SCOPIC 酬金通常以按照 SCOPIC 费率计算的费用金额的 125% 为限。而假如救助方签订 LOF 但不并入 SCOPIC 条款,则救助方根据《救助公约》或者《海商法》有权获得的特别补偿有可能达到其相关费用金额的 200%。因此,救助方需要根据救助作业的具体情况,从商业和技术角度判断救助合同是否并入或者启用 SCOPIC 条款。

在确定有关人员、拖船或设备的使用是否合理时,仲裁员应当根据 LSAC 条款所规定的首要目的①进行解释。因此,在救助方雇佣他人的拖船或设备等供救助作业使用的情况下,即使这些拖船或设备等未被实际使用,救助方因此产生的费用也应当包括在现付费用之中,只要这些拖船或设备是救助方为了尽力救助遇险人员和财产及防止海洋环境损害之目的而善意并以合理商业方式雇佣的。

6.《救助公约》第 13 条下的报酬

该条规定了 SCOPIC 酬金和《救助公约》第 13 条所规定的救助报酬之关系,与《救助公约》关于特别补偿和救助报酬之关系的规定保持一致。也就是说,即使 SCOPIC 条款被启用,救助方在 LOF 下按照"无效果–无报酬"原则取得救助报酬的权利仍然存在。全部被救助方仍有义务根据《救助公约》第 13 条规定的 10 项标准向救助方支付救助报酬。当 SCOPIC 酬金总金额大于全部救助报酬金额时,船舶所有人没有义务支付 SCOPIC 酬金;当

---

① 根据 LOF 2020 的 I 条款,救助方根据本合同有权获得的报酬(包括 SCOPIC 酬金)应按照有效的 LSAC 条款规定的方式通过伦敦仲裁确定。而 LSAC 2020 第 2 条(overriding objective)规定,仲裁员在解释 LOF 文本或作出任何命令或裁决时,应当考虑本合同的首要目的,即有利于保证海上人命安全和财产保全,并且在救助作业中防止或减轻对环境的损害。

SCOPIC 酬金总金额大于全部救助报酬金额时,船舶所有人仅应支付 SCOP-IC 酬金总金额与全部救助报酬金额的差额,即使是救助方不能从被救助方取得的救助报酬金额,也应当从 SCOPIC 酬金总金额中扣除。

7.扣减

该条规定扣减机制的目的在于对救助方不合理启用 SCOPIC 条款进行限制。据此,启用 SCOPIC 条款并不是在任何情况下对救助方都是有利的。也就是说,如果根据 SCOPIC 条款计算的最高 SCOPIC 酬金金额(即假设从救助服务的第一天起即启用 SCOPIC 条款所计算出的金额)低于根据第 13 条或 LOF 主协议计算的救助报酬金额,则救助方有权取得的救助报酬将会被相应扣减。当然,在救助报酬金额大于实际 SCOPIC 酬金却小于最高 SCOPIC 酬金金额的情况下,救助方有权取得的救助报酬金额不变,扣减机制不发挥作用。

因此,只有在救助方合理预计其有权获得的救助报酬将低于 SCOPIC 酬金的情况下,启用 SCOPIC 条款对其才是有利的。

8.SCOPIC 酬金的支付

该条规定了 SCOPIC 酬金的支付或预付条件以及利息计算等事项。如果当事人对于酬金支付产生争议,可以通过仲裁方式解决。

9.终止

该条第(i)款规定船舶所有人有权终止其支付 SCOPIC 酬金的义务,此种终止是任意性的,不要求提供任何理由,并可以在 SCOPIC 条款启用后的任何时间行使。船舶所有人终止 SCOPIC 条款的,其应支付的 SCOPIC 酬金应当计算到终止通知发出之后的第五天,如果遣返救助设备所需的合理时间超过五天,则 SCOPIC 酬金应计算至遣返结束。也就是说,救助方在救助设备被遣返之前产生的费用也能够根据 SCOPIC 条款得到补偿。

应当注意,该条规定仅赋予船舶所有人对 SCOPIC 条款的终止权,船舶所有人并不能据此终止 LOF 主协议。但是,船舶所有人或者救助方可以根据 LOF 主协议 G 条款的规定行使对 LOF 的终止权。

该条第(ii)款规定,SCOPIC 条款第 4 条第(ii)款以及第 9 条第(i)款关于 SCOPIC 条款终止的规定,仅在有关政府、地方、港口当局或在当地有管辖权的其他官方认可机构不限制救助方终止救助的情况下才能适用。因此,如果有具有管辖权的第三方不同意终止救助,则 SCOPIC 条款仍然有效。例如,在遇险船舶构成环境损害威胁时,有关当局可能会禁止救助拖船和救助人员离开现场,并强行要求继续必要的救助服务,以防止或减轻对环境污染损害的威胁。

10. 救助方的义务

该条规定反映了 SCOPIC 条款与 LOF 的关系,即 SCOPIC 条款是对 LOF 的补充而不能独立于 LOF。

11.《救助公约》第 18 条

该条规定参照《救助公约》的第 18 条①,规定了全部或部分剥夺 SCOP-IC 酬金的两种情况,即救助方有过错和有欺诈或其他不诚实行为。

对于第一种情况,在英国法下,救助方是否有过失以及过失程度应根据救助作业当时的具体情况来判断,取决于法官或仲裁员的自由裁量权。救助方是否为专业救助人,以及救助方是主动地还是按被救助方的请求进行救助,被救财产自身的危险程度以及对周围财产的威胁、鼓励救助等情况都是需要考虑的因素。②

在因救助方过错给被救助财产造成损失(即获救价值减少)的情况下,应从根据 SCOPIC 条款计算的全部酬金金额中扣除因救助方过失或错误行为(统称"过错")给被救助方造成的损失金额。在"东城丸(Tojo Maru)"案中,英国上议院认为此种损失金额应当按假设救助方没有过错的情况下能够获救的财产价值,与有过错情况下实际获救的财产价值的差额计算。假如救助方过错并未使被救助财产获救价值减少,而仅是使救助时间延长或不必要的救助作业成为必需,则可扣减的酬金金额应当是在延长时间内或在原本不必要的作业时间内产生的 SCOPIC 酬金金额。

第二种情况所指的"欺诈或其他不诚实行为"包括对遇难船船上财产的偷窃,没有充分理由不允许遇难船的所有人、船长、船员等登船,或错误地阻碍被救助方请求其他人救助等。

---

① 《救助公约》第 18 条规定,"A salvor may be deprived of the whole or part of the payment due under this Convention to the extent that the salvage operations have become necessary or more difficult because of fault or neglect on his part or if the salvor has been guilty of fraud or other dishonest conduct"。我国《海商法》第 187 条亦规定:"由于救助方的过失致使救助作业成为必需或者更加困难的,或者救助方有欺诈或者其他不诚实行为的,应当取消或者减少向救助方支付的救助款项。"

② John Reeder, *Brice on Maritime Law of Salvage*, Sweet and Maxwell, 2003, p. 479–482. The Tojo Maru,［1972］AC. 242.

在此种情况下,无论救助方的欺诈或其他不诚实行为是否给被救助方造成损失,救助方本来有权取得的 SCOPIC 酬金都将视行为的严重程度被全部或部分剥夺。如果救助方的欺诈或其他不诚实行为给被救助方另外造成了损失,被救助方还可以向救助方索赔此种损失。例如,救助方明知不符合事实仍声称其船舶能完成某项救助工作,致使被救助方拒绝其他救助方的协助或致使被救助财产危险加重或救助更困难或时间更长,则被救助方可向救助方反索赔由此产生的损失。[①]

12. 船东事故代表(SCR)

该条规定,船舶所有人有权自主决定是否指定 SCR。经船舶所有人指定的 SCR 须按照附录 B 规定的条件参与救助作业。指定 SCR 的目的在于使船舶所有人或其互保协会充分了解救助作业情况,特别是救助方是否按照 SCOPIC 条款规定进行救助作业。

13. 特别代表

该条规定船舶和货物所有人及其保险人可以指定非执业律师的技术人员作为"特别代表",分别代表船货方各自的利益到救助现场观察、监督实际的救助工作及工作是否合理适当并向其委托人报告。"特别代表"的费用由指定他们的船东、货主或其保险人承担。

14. 防止污染

该条规定,为完成 LOF 和 SCOPIC 条款所约定的救助作业所必需的防止污染和清除遇难船周围污染物产生的费用也应当作为 SCOPIC 酬金的一部分。但是,如果有关清除污染费用和防止污染威胁的费用不是属于救助作业的一部分,而是受其他法律调整,比如,为清除或防止《1992 年国际油污损害民事责任公约》(CLC 公约)或《2001 年国际燃油污染损害民事责任公约》(以下简称《燃油公约》)所规定的油污产生的费用,就不应当被作为 SCOPIC 酬金。但是,在我国司法实践中,即使有关清除污染作业并不属于实施的救助作业的一部分,作业人也未与船舶所有人签订救助合同,法院仍认可其有权依据 SCOPIC 条款规定的费率计算并要求污染船舶所有人承担相关费用。[②]

[①] John Reeder, *Brice on Maritime Law of Salvage*, Sweet and Maxwell, 2003, p. 180.
[②] "达飞佛罗里达"轮碰撞漏油污染案,最高人民法院民事判决书(2018)最高法民再 368 号民事判决书。

15. 共同海损

该条规定,超过救助报酬的那部分 SCOPIC 酬金应当由被救船的船舶所有人承担。这一原则与《救助公约》关于特别补偿由船舶所有人承担的规定是一致的。而且,这部分 SCOPIC 酬金也不能作为共同海损要求同一航程的其他利益方分摊,也不能根据船舶保险人向船舶保险人索赔。这部分 SCOPIC 酬金实际上由被救船舶的互保协会承担。

16. 争议解决

根据该条,SCOPIC 条款的当事人,即启用该条款的救助方和被救船船舶所有人之间的任何有关争议应当依照 LOF 的规定通过仲裁解决。

三、我国司法实践对 SCOPIC 条款的态度

SCOPIC 条款在海难救助、船舶污染等国际海事法律领域内具有广泛影响力,其重要性从国际海难救助界可能通过修改 SCOPIC 条款以及 LOF 格式条款来解决环境救助问题的论断①中不难得到印证。

尽管如此,在我国司法实践中,涉及 SCOPIC 条款的案例并不多。其中,代表性案例为上海鑫安船务有限公司、交通运输部上海打捞局以及上海晟敏投资集团有限公司与普罗旺斯船东 2008-1 有限公司等海难救助与船舶污染损害责任系列纠纷案②。以下结合法院判决对 SCOPIC 条款或者费率在我国司法实践中的地位和效力等问题作具体评述。

上述系列案中,海难救助相关当事方并未约定相关救助及防污作业的费用按照 SCOPIC 条款或者费率计算。但是,在再审判决中,最高人民法院参考专家意见,认为 SCOPIC 条款的使用是国际上旨在替代原本依照《救助公约》第 14 条对救助款项进行具体酌定的一种简便而直接量化的办法,SCOPIC 条款基本上符合该公约精神。SCOPIC 条款附录 A 中的费率标准是国际上海难救助行业较为普遍采用的一种费率标准。对国际航行船舶进行的海难救助,按照国际上较为普遍采用的费率标准——SCOPIC 费率计算,原则上可予采纳,除非有相反证据证明 SCOPIC 费率中某项或者某些费用

---

① 初北平:《〈海商法〉下海难救助制度的架构完善》,载《环球法律评论》2019 年第 3 期,第 44 页。

② 案号分别为:(2018)最高法民再 367 号、(2018)最高法民再 368 号和(2018)最高法民再 370 号。

项目不合理或者国际上有更为普遍采用或更为权威合理的费率标准。对于防污清污作业，因 SCOPIC 费率也涵盖海难救助中的防污清污作业，故相关防污清污作业的费用也可参照 SCOPIC 费率确定。[①]

① "达飞佛罗里达"轮碰撞漏油污染案，最高人民法院民事判决书（2018）最高法民再 368 号民事判决书。

第二章

残骸打捞清除国际标准合同

第一节　概述

一、基本概念

（一）残骸的概念

从外延看,残骸是一个很宽泛的概念,既包含具有一定商业价值的残骸和无商业价值但具有危险或污染性质的残骸,也包括具有考古或文化(文物)价值的残骸。

从国外立法和国际公约的规定看,残骸通常是指在海上沉没、搁浅或被抛弃的物体。例如,在英国法中,传统的海上残骸(wreck of the sea)包括在海岸上或潮水水域中或者临近海岸或任何潮水水域内发现的抛弃物(jetsam)、漂浮物(flotsam)、投弃物(lagan)和遗弃物(通常为船舶)等,也包括在海上丢失或遗弃的渔船或捕鱼设施。[①]《2007年内罗毕国际船舶残骸清除公约》(以下简称《2007年残骸清除公约》)第1条第4款规定:"'残骸'系指发生海上事故后:(一)一艘沉没或搁浅的船舶;或(二)沉没或搁浅船舶

---

① Francis Rose, *Kennedy and Rose on the Law of Salvage*, Sweet and Maxwell, 2013, p. 706.

的任一部分，包括当时或曾经在该船上的任何物品；或（三）从船舶上落入海中并在海上搁浅、沉没或漂浮的任何物品；或（四）在尚未为援助处于危险中的某船或任何财产而正在采取有效措施的情况下，即将或合理预期会沉没或搁浅的该船。"

在我国，实务界和相关立法习惯上使用"沉船沉物"来表示此类物体。例如，2021年4月29日修订的《中华人民共和国海上交通安全法》（以下简称《海上交通安全法》）将"施工作业"定义为"勘探、采掘、爆破，构筑、维修、拆除水上水下构筑物或者设施，航道建设、疏浚（航道养护疏浚除外）作业，打捞沉船沉物"。① 但是该法同时使用了碍航物的概念，用以指代包括沉没物、漂浮物、搁浅物在内的，妨碍海上交通安全的物体。② 2020年修订的《关于外商参与打捞中国沿海水域沉船沉物管理办法》第3条规定，沉船沉物，是指沉没于我国沿海水域水面以下或者淤埋海底泥面以下的各类船舶和器物，包括沉船沉物的主体及其设备、所载的全部货物或其他物品。

比较以上相关规定可知，我国立法没有采用国际上通常使用的残骸概念。而沉船沉物虽然是我国传统立法习惯使用的概念，但最新修订的《海上交通安全法》仅在"施工作业"定义中使用了沉船沉物，似乎有用外延更宽泛的碍航物替代沉船沉物的倾向。虽然该法对碍航物并没有作出定义，但从"妨碍海上交通安全的沉没物、漂浮物、搁浅物或者其他碍航物"的文意看，碍航物既包括船舶货物等船源障碍物，也包括非船源的障碍物；既包括沉没的障碍物，也包括处于搁浅、漂浮状态的障碍物以及其他障碍物，其范围足以涵盖任何妨碍海上交通安全的物体，而超出了上述国务院规定定义的"沉船沉物"范围。由此带来的问题是，对于非沉船沉物的碍航物进行打捞清除的作业，不属于《海上交通安全法》的"施工作业"，那么此种作业应无须按照《海上交通安全法》第48条取得海上施工作业许可，这一理解似乎有违该法的立法本意，除非将施工作业中使用的"沉船沉物"解释或直接修改为"碍航物"。

另外一个问题是，《海上交通安全法》所规定的"碍航物"的外延范围也超过《2007年残骸清除公约》所规定的"残骸"概念范围，因为后者并不涉

---

① 参见《海上交通安全法》第117条。

② 《海上交通安全法》第27条规定："任何单位、个人发现下列情形之一的，应当立即向海事管理机构报告：涉及航道管理机构职责或者专用航标的，海事管理机构应当及时通报航道管理机构或者专用航标的所有人：（一）助航标志或者导航设施位移、损坏、灭失；（二）有妨碍海上交通安全的沉没物、漂浮物、搁浅物或者其他碍航物；……"

及来自陆地或空中的物体。

综合以上分析,依据现行国内立法以及国际公约,沉船沉物的概念过于狭窄,与海上打捞清除法律保障海上交通安全和保护海洋环境的目标不相适应。同时,现行《海上交通安全法》所使用的碍航物的文义范围似乎过于宽泛,也不适合作为海上打捞清除法律关系的客体。因此,本书建议使用其他国家立法和国际公约通常采用的残骸概念作为本章打捞清除标准合同的客体,残骸则是指沉没或搁浅船舶或者其货物的整体或一部分、处于沉没或搁浅危险的船舶或者其货物,它来源于前述船舶或者货物的任何物件,包括漂浮物等。

(二)残骸打捞清除的概念

我国《海上交通安全法》规定,碍航物的所有人、经营人或者管理人应当在海事管理机构限定的期限内打捞清除碍航物,但《海上交通安全法》并未对打捞清除进行定义。参考已废止的《沉船沉物打捞单位资质管理规定》,"打捞作业"是指打捞单位对沉船沉物实施的各种处置措施,包括扫测、探摸、起浮、移位、解体、清除等及其他相关作业。因此,本书中的"打捞清除"概念,既包括对残骸的打捞起浮,也包括对残骸的清除、拆解或摧毁,以消除其危害。

综上所述,"残骸打捞清除"是指为获得残骸的残值,或者为防止、减轻或消除残骸对航行安全、航道整治、污染防治构成的威胁或危险而对其实施的处置行为,包括扫测、探摸、起浮、移位、解体、清除及其他相关措施。残骸打捞清除有广义和狭义之分,广义的打捞清除包括应急性抢险、非应急性抢险情况下的残骸打捞清除以及救助性打捞清除(应定性为海难救助行为)等多种形式,而狭义的打捞清除是指非救助性的残骸打捞清除。本章所述的残骸打捞清除仅指非救助性的残骸打捞清除。

二、残骸打捞清除与海难救助的区别

就法律适用而言,残骸打捞清除与海难救助存在明显区别。原则上,对于海上财产实施扫测、探摸、起浮、移位、解体、清除等及其他相关作业等各种处置措施时,对于满足构成海难救助的要件,应当首先适用有关救助的法律制度,对于不满足海难救助要件的措施,再考虑可否适用残骸打捞清除法律处理。① 在实务操作中，多数情况下遇险船舶能够通过救助作业重获安全，修理后重新投入使用。但如果预计的救助加上修理的成本巨大以至于超过船价，船东可能将宣告船舶全损，此种情况下不得不进行的作业将属于强制性打捞清除的范畴。换言之，如果措施有效果且满足自愿原则，应当成立海难救助法律关系，否则，宜认定为残骸打捞清除法律关系。

为了在实务中更好地区分二者，本书对海难救助和残骸打捞清除的区别进行系统论述，具体分析如下。以下分析亦可作为区别海难救助合同和残骸打捞清除合同的标准或考虑因素。

（一）对标的物的要求不同

海难救助的标的必须是法律承认的海上特有财产；但对于打捞清除的标的，法律并无特别限制。《救助公约》第 1 条规定的救助标的是船舶或其他海上财产，我国《海商法》第 171 条规定的救助标的是船舶和其他财产。对于残骸是否可以成为海上救助的标的，《救助公约》和我国《海商法》均无明确规定。英国学者布莱斯（Brice）通过考察《救助公约》中船舶的定义，认为船舶的定义中包括失控船、沉船等。根据我国《海商法》第 172 条的定义，"财产"是指非永久地和非有意地依附于岸线的任何财产，包括有风险的运费。因此，如果沉船、漂浮船、搁浅船、沉物和漂浮物等不构成《海商法》第 3 条中所称的船舶，只要是非永久地和非有意地依附于岸线，均可以构成《海商法》第 172 条所定义的财产，从而在满足海难救助的其他构成要件的情况下，构成海难救助的标的。

另外，无论是《救助公约》还是《海商法》第 9 章，均不适用于尚已就位的从事海底矿物资源的勘探、开发或者生产的固定式、浮动式平台和移动式近海钻井装置。因此，上述海上装置不能成为海难救助的标的，为救助这些装置而订立的救助合同不属于《海商法》第 9 章所规定的救助合同。但是，如果对这些装置采取打捞清除措施，则因此订立的合同应属于残骸打捞清除合同，而当前我国尚无直接适用于残骸打捞清除合同的法律规范。

（二）标的物所处的危险状态不同

虽然打捞清除与海难救助的标的物在种类上相同，都是处于危险之中

---

① 例如，《2007 年残骸清除公约》第 11 条第 2 款规定，如果根据适用的国内法或者国际公约，本公约所要求采取的措施被认定为海难救助行为，则上述国内法或国际公约适用于救助人的报酬或补偿问题，本公约的规定不再适用。

的船舶或者其他财产,但是标的物所处危险的性质和状态不同。从性质上看,海难救助的危险(danger①)通常是指船舶或者其他财产本身处于危险之中,同时这种危险必须是仅凭遇险人自身难以消除或克服的;打捞清除中的危险(hazard②)则更强调船舶及其他财产对外界如通航安全、环境保护和其他社会公共利益带来的危害。从危险的状态上看,海难救助中的危险通常是指该船舶及其财产本身持续处于危险之中,而对打捞清除的标的物而言,残骸本身所处的危险已经过去。目前,主流观点及部分国际公约和外国国内立法中采纳的观点是,构成救助的必要条件是被救的船舶处在危险之中,尽管这种危险不一定是紧迫的,但残骸通常不会面临此种危险。当然,也可能有例外,比如沉没于海底的船舶载有不会遭受水浸损害的贵金属或类似货物,则此种沉船既可以构成海难救助的标的,也可以在其影响航行安全的情况下被当作残骸打捞清除的对象。另外,在某些情况下对船舶的起浮清除也可能变为救助的一种,例如,在某些情况下,当不及时作业就可能遭受危险时,对搁浅船的清除就构成了救助。

(三)行为的法律性质不同

自愿原则是海难救助的构成要件之一。自愿的行为是指救助方或被救助方在发生救助法律关系时,其作为或不作为完全出于自愿。也就是说,救助的提供和接受必须是自愿的。对于被救助人而言,我国《海商法》赋予被救助人是否接受救助的自由选择权,该权利可在救助作业开始前或开始后的任何时间行使。对于救助方而言,自愿原则体现为救助方在没有法律约束或者合同约束的救助义务的情况下,是否救助海上财产完全出于其自愿,救助成功则有权获得报酬,不救助也不承担任何法律责任。合同约束的救助包括遇难船船员救助本船、引航员在履行其职责范围内的救助、遇难船上的旅客救助本船等。法律约束的救助义务,究竟是指私法上约束的救助义务,还是统指公法和私法上约束的救助义务,学者们对此有所争议,各国立法的规定也不尽相同。日本、德国等国的商法典强调私法上的救助义务,公法上有救助义务的人仍然可以成为合格的救助主体,但公法上有救助义务施救的人所实施的救助,不由海商法调整。从本质上讲,海商法中强调救助人公法上的义务或私法上的义务只是对救助报酬的请求权有实际意义,而

---

① 参见《救助公约》第1条定义。
② 参见《2007年残骸清除公约》第2条以及第1条第5项。

对海难救助行为本身的构成则无任何实际意义,不能因为某船或者某人负有救助义务并实施了有效救助就否认其为海难救助。

本书赞同上述公法上或者私法上的义务仅仅对救助报酬的请求权有影响的观点。如果救助人在私法上负有救助义务,则无权请求救助报酬;相反,如果其具有公法上的义务,即如果这种救助行为是在履行公法上的法定职责,则虽然其行为构成海难救助,但仍然无救助报酬请求权,但如果其救助行为超出了公法上法定职责的范围,则仍应享有报酬请求权。

在残骸打捞清除关系中,自愿原则并不一定完全适用。如果是非强制性打捞清除,适用自愿原则,即残骸所有人和打捞清除人各自都有打捞清除和不打捞清除的权利,打捞清除的报酬也由双方依照合同自愿的原则协商确定;但在强制性打捞清除的情况下,即当残骸影响水上交通安全、环境保护或其他公共利益时,船舶所有人、经营人或者经理人将依法负有打捞清除的义务,必要时可由有关主管机关按照法定的程序指定或委托打捞机构对残骸进行打捞清除。

总之,海难救助法律关系中,当事人的行为是建立在自愿的意思自治基础上的,通常不受强制性法律的干预;残骸打捞清除法律关系中,由于涉及安全和环境等公共利益,故有强制性或指令性残骸打捞清除和非强制性残骸打捞清除之分。

（四）行为目的和请求报酬的原则不同

救助行为的目的主要是获得或者保全船舶或者船上财产的价值;而打捞清除行为的标的往往是不值得救助的财产,其主要目的是消除残骸对航行安全、环境保护等的危害。

在残骸打捞清除法律关系中,请求报酬的依据一般是合同约定,即按照"按劳计酬"(quantum meruit)的原则,由双方当事人协商一致确定,即使打捞清除最后没有成功,打捞清除人仍然可以根据打捞清除合同取得一定的报酬。而在海难救助法律关系中,虽然救助行为是否有效果,并不是海难救助行为本身的构成要件,但救助有效果是构成救助报酬请求权的要件之一。"无效果-无报酬"原则是国际救助公约和各国法律普遍采用的确定财产救助报酬的原则,因此,海难救助的报酬请求权通常是由法律(包括法律规定或援引法律规定的合同)所调整的。但同时应当注意到,《救助公约》和《海商法》均允许当事人对救助报酬的确定另行约定,因此,在《救助公约》和《海商法》规定的"无效果-无报酬"救助合同之外,还可以依当事人的约定形成雇佣救助合同。[①] 在通过签订雇佣救助合同对海上遇险财产进行救助（如起浮作业）的情况下，当事人也可能采用残骸打捞清除标准合同订立此种救助合同。[②]

（五）对作业人的法定要求不同

海难救助作为海商法的一项主要法律制度，其主要原则是鼓励救助。因此，各国海商法和有关海难救助的国际公约对救助人的资质要求并无限制，只要救助行为取得效果，救助人就有权请求救助报酬。残骸打捞清除行为不仅技术复杂、专业性强，而且与公共安全或海洋环境等公共利益联系更加紧密，故而行政立法通常会对打捞清除人的资质作出要求。

（六）合同的形式不同

海难救助合同一般都采用标准合同格式，如 LOF 等。而残骸打捞清除合同，尽管也有一些标准合同可供参考（如 WRECKHIRE 合同），但双方当事人不采用标准合同而通过协商订立具体合同的情况也较为常见。

总之，打捞清除行为和海难救助行为存在本质的区别，可以依据所采取的救援行为是否满足海难救助的构成要件来区分打捞清除与海难救助。此外，在实务中还可以借助有关主体与救助或打捞机构签订合同的性质对二者加以区分。如其签订的是救助合同（包括"无效果-无报酬"救助合同与雇佣救助合同），则其行为属于救助行为；如其签订的是打捞清除合同，则不应仅凭合同的名称或措辞简单判断，而应在认真分析合同约定的权利、义务及其所反映的合同目的的基础上进行判断。具体而言，《海商法》第 177 条规定，救助方对被救助方负有以应有的谨慎进行救助的义务。而 LOF 条款 A 也规定救助方的基本义务是尽最大努力救助合同约定的财产。因此可以说，救助义务是救助合同的基本和最重要的义务，也是救助合同区别于其他合同的标志。遗憾的是，《海商法》没有对"救助"含义作出规定，而英国法上，"救助"是有特定条件的，是与行为效果或结果相联系的。根据《救助公约》，救助作业是指可航水域或其他任何水域中援救处于危险中的船舶或任

---

① 交通运输部南海救助局诉阿昌格罗斯投资公司、香港安达欧森有限公司上海代表处海难救助合同纠纷案，最高人民法院民事判决书（2016）最高法民再第 61 号。

② 世嘉有限公司诉中国大地财产保险股份有限公司等海上保险合同纠纷案，上海海事法院民事判决书（2018）沪 72 民初 3821 号。世嘉有限公司诉中国大地财产保险股份有限公司等海上保险合同纠纷案，上海海事法院民事判决书（2019）沪 72 民初 463 号。浙江满洋船务工程有限公司诉宁波鸿勋海运有限公司等海难救助合同纠纷案，宁波海事法院民事判决书（2017）浙 72 民初 686 号。

何其他财产的行为或活动,故本书认为,如果作业的主要目的是解除财产所面临的危险,即作业行为符合海难救助的构成要件(构成海难救助),则此种作业应属于海难救助作业,为履行此种作业而订立的合同应认定为雇佣救助合同。如果作业的主要目的不是使财产摆脱危险(比如在船舶已确定发生全损或者全损不可避免的情况下),而是维护通航安全或者保护海洋环境,则不满足海难救助的目的和要件,为此种作业而订立的合同不应认定为救助合同。应当承认,在实务中,判断作业或合同的目的有时候并不容易。

第二节 残骸打捞清除国际标准合同条款

残骸打捞清除合同的条款由双方当事人在自愿协商的基础上达成。与救助合同不同,采用行业通用的标准合同订立残骸打捞清除合同的历史并不长。在标准合同被广泛使用之前,打捞方(一般是救助公司)往往采用救助合同或者拖航合同来订立打捞合同。①

为了规范残骸打捞清除合同,提高订约效率、节省订约成本,波罗的海航运公会(BIMCO)和国际救助联盟(International Salvage Union,ISU)共同制定了残骸打捞和其他类似海上服务合同(contract for wreck removal and other allied marine services)的合同格式。现行的最新版本分别是:日租格式(WRECKHIRE 2010)、总承包价-分期支付格式(WRECKSTAGE 2010)以及固定价格-"无效果,无报酬"格式(WRECKFIXED 2010)。实践中,WRECKHIRE 格式使用得最为普遍。

上述合同格式(标准合同)均由 3 个部分组成,即第 1 部分(表格)、第 2 部分(标准条款)以及附件。第 1 部分是双方约定的合同事项及细节,是第 2 部分适用的基础和依据,附件则约定打捞作业使用的施工人员、船舶和设备以及工作期间和预计时间进度等内容。当第 1 部分及其附加条款规定与第 2 部分冲突时,在冲突的范围内第 1 部分和附加条款应优先适用。3 个标准合同的主要权利、义务大致相同,不同之处在于作业、服务费用的计算和支付条件。

由于 WRECKHIRE 下作业费用以服务时间长短为计算依据,为了控制

---

① Nicholas Gaskell & Craig Forrest, *The Law of Wreck*, Informa Law from Routledge, 2020, p. 607.

费用金额,WRECKHIRE 2010中新增加了若干规定以鼓励打捞作业方尽快完成作业和迅速解决现场争议。在 WRECKSTAGE 中,打捞清除费用是固定费用(不受时间和效果影响),故 WRECKSTAGE 2010 特别增加了打捞作业人在作业中分阶段赚得和收取打捞清除费用的条款。WRECKFIXED 类似于 WRECKSTAGE,即打捞作业人根据合同收取的费用为固定费用,二者的不同在于 WRECKFIXED 下只有在作业全部完成的情况下打捞作业人才有权收取整笔打捞清除费,而根据 WRECKSTAGE,打捞作业人可以分阶段收取打捞清除费。

一、WRECKHIRE 2010

1. 合同签订的时间和地点

合同签订的时间和地点,在法律上具有十分重要的意义,是残骸打捞清除合同中的重要条款之一。残骸打捞清除合同是诺成合同,双方当事人意思表示达成一致时,合同成立。残骸打捞清除合同采用合同书形式时,根据《中华人民共和国民法典》(以下简称《民法典》)第 490 条的规定,自当事人均签名、盖章或者按指印时合同成立。根据《民法典》第 502 条,除法律另有规定或者当事人另有约定外,依法成立的合同自成立时生效。另依据《民法典》关于民事法律行为附条件和附期限的规定,附生效条件的民事法律行为,自条件成就时生效(第 158 条);附生效期限的民事法律行为,自期限届满时生效。根据以上规定,残骸打捞清除合同原则上自当事人在合同书上签字、盖章时成立并生效,合同成立的时间即为合同生效的时间;除非当事人对于合同的成立或者生效约定了条件或期限,则此种情况下合同成立或者生效的时间为条件成就时或者期限届满时。

关于合同签订的地点,根据《中华人民共和国民事诉讼法》(以下简称《民事诉讼法》)第 35 条,合同签订地属于与合同争议有实际联系的地点之一的,当事人可以通过书面协议选择该地法院作为其合同争议的管辖法院。另根据《民事诉讼法》第 272 条,因合同纠纷对在我国领域内没有住所的被告提起的诉讼,如果合同在我国领域内签订,可以由合同签订地的人民法院管辖。

关于合同签署人的签订合同权,WRECKHIRE 2010 第 1 部分的最后规定,签署人保证其具有代表其所代表的各方签署本合同的完全的权限和授权。另外，WRECKHIRE 2010 第 2 部分第 26 条（d）款还规定，双方当事人各自保证并声明，合同第 1 部分中的签署人为其代表，该人经正式授权签署对各自具有约束力的本合同。

2. 打捞方和委托方的名称和住所

打捞方（contractor）和委托方（company）是残骸打捞清除合同的主体，是合同所确定的权利的享有者和义务的承担者。合同当事人的住所是发生合同纠纷时确定法院管辖权的连接点之一①。

签订残骸打捞清除合同的委托方一般是残骸的登记所有人，也有可能由残骸所有人互保协会以登记所有人的名义订立合同。在一定情况下，残骸所处的管辖区域内国家（受影响国家）的主管机关也有权直接组织打捞方从事打捞清除作业。② 实践中，在条件许可的情况下，委托方往往通过招标/竞标邀请的方式确定。1998 年 1 月，ISU 和国际船东保赔协会集团曾经联合发布了一份关于残骸清除或货物打捞正式招标程序的行业规则（Code of Practice on Formal Tendering Procedures for Wreck Removal/Cargo Recovery），推荐给其各自会员自愿采用。③

3. 打捞标的

打捞标的条款是残骸打捞清除合同的重要条款之一。残骸打捞清除合同的标的是合同关系的客体，即打捞清除行为；而打捞清除标的则是打捞清除行为的对象，即残骸。打捞清除标的通常为船舶，故 WRECKHIRE 2010 将残骸称为"船舶"（vessel）。为了便于理解，本书以下统一使用"残骸"指代 WRECKHIRE 2010 中的"船舶"。

在 WRECKHIRE 2010 第 1 条中，残骸被定义为第 1 部分第 4 栏所载明的任何船只、艇筏、财产或其任何部分，包括其中或者其上的任何物品，例如但不限于货物和燃油。

从上述定义的措辞看，对于曾经在船舶之上或之中但在合同签订或者履行过程中与船舶脱离的货物或其他物品是否属于残骸似乎不够明确，但

---

① 参见《民事诉讼法》第 35 条和第 272 条。

② 例如，根据《2007 年残骸清除公约》第 9 条第 7 款，如果登记所有人在规定的期限内不清除残骸，或是无法联系到登记所有人，则受影响国家可以采用现有最切实可行和最迅速且符合安全和海洋环境保护考虑的方式对残骸进行清除。《海上交通安全法》第 51 条第 2 款也规定，不能确定碍航物的所有人、经营人或者管理人的，海事管理机构应当组织设置标志、打捞或者采取相应措施，发生的费用纳入部门预算。

③ Nicholas Gaskell & Craig Forrest, *The Law of Wreck*, Informa Law from Routledge, 2020, p. 604.

是参考《2007 年残骸清除公约》中关于残骸的定义,本书认为,WRECK-HIRE 2010 中的残骸应当包括曾经在船舶之上或者其中的物品。

在 WRECKHIRE 2010 中,关于打捞标的(残骸)的约定主要包括如下几个方面:

(1)残骸规范(vessel specifications)(第 1 部分第 4 栏),具体包括船名、船旗、IMO 编号、船长/宽度/型深、总吨位、净吨位、载重吨、货物的情况和性质、船舶保险人等;

(2)残骸状态(condition of vessel),具体指残骸属于沉没的船舶还是搁浅的船舶等。如果为沉没状态,则其状态包括是否已断裂、破损情况、倾斜情况如何等,特别是其油舱状况、船体和结构状况等(通常以潜水探摸报告为依据)。

(3)残骸位置和作业现场状况(position of vessel and condition of work-site)。在实践中,残骸位置通常较容易确定,不会产生找寻困难;但作业现场状况表述却容易因与实际不符而引发争议。如,残骸所处的水底底质根据海图和探摸报告是沙底,而实际上更准确的是沙和淤泥的混合底质,如此将增加作业难度。当事人需要预先考虑实际情况与约定不符时的解决方案。

(4)作业服务的性质(nature of services)。约定作业服务的性质有两方面作用:一方面可以明确打捞方的义务范围,另一方面可以用以排除不属于合同约定范围的作业,故需要尽量明确和清楚。关于作业服务性质的约定,可能包括总体作业方案(整体打捞起浮还是解体清除)和具体作业方法等。通常,合同条款中约定的打捞方案比较简洁和概括,但会在合同附件中明确残骸打捞清除所采用的船艇和设备(参见 WRECKHIRE 2010 附件 1 Sched-ule of Personnel, Craft and Equipment)、有关残骸的探摸、残骸位置的确定、作业方案和步骤以及预计时间进度(参见 WRECKHIRE 2010 附件 2 Method of Work and Estimated Time Schedule)等具体内容。另外,由于对环境和安全的影响,残骸打捞清除通常受到沿海国的监管,打捞作业中往往有港口当局或国家主管机关介入。因此,残骸打捞清除合同有必要约定何方当事人负责取得主管机关的许可或认可,同时另一方应予以合理协助。故,本栏要求载明哪一方当事人有义务办理和取得主管机关的作业许可。

上述与作业服务性质有关的内容综合约定了打捞方应当承担的作业范围以及其实施作业的具体环境。同时,考虑到打捞清除作业实施时实际情况与约定经常会有出入，打捞清除标准合同通常约定调整机制。

例如，WRECKHIRE 2010 第 4 条第 1 款规定，合同约定的费率是根据第 7 栏所列明的服务性质，附件 1 和附件 2 所载明的人员、施工船舶、设备及作业方法，第 4、5、6 栏所载明的残骸概况、残骸状态、残骸位置和作业现场状况而确定的。当实际情况与相应内容不符时，双方都有权请求对合同报酬予以调整（参见 WRECKHIRE 2010 第 4 条）。为使调整机制发挥作用并避免争议，委托方最好尽量将实际情况如实明确地在合同中作出约定，如果实际情况不详，也应将其所知悉的情况表述清楚（但如实告知残骸情况不应成为委托方的一项义务）。WRECKHIRE 标准合同没有"完全约定条款"（entire agreement clause），当事人因此可以根据合同之外的备忘录（understandings）等文件以主张合同所约定或排除的作业内容。当然，当事人也可以选择订入"完全约定条款"，以将合同约定的作业范围限定于当事人正式签署的书面合同中。

4. 残骸交还地点和/或处理地点

残骸打捞清除作业完成后，打捞方负有将残骸交还给委托方的义务，委托方负有接收残骸的义务，或者打捞方应按约定处理残骸。为明确双方的这一权利义务关系，残骸打捞清除合同需要对残骸的交还和/或处理地点作出约定。

5. 作业服务

WRECKHIRE 2010 第 2 条规定，打捞方应当尽适当谨慎义务实施包括交还和处理残骸在内的作业，在不与本合同所约定服务相抵触的情况下，打捞方还应当尽适当谨慎义务，防止和减少环境损害。适当谨慎义务的标准与《救助公约》规定的救助人义务标准相同，但与该公约所规定的"无效果－无报酬"原则不同，无论作业服务是否成功或者取得效果，打捞方根据合同均有权取得相关费用。在抽油等打捞清除作业中，存在油类泄漏的可能性，WRECKHIRE 2010 第 24 条也规定了打捞方的类似义务，并要求打捞方在整个服务过程中制定、维持和实施符合主管机关和委托方代表要求的污染应急预案（pollution response plan）。

合同作业服务的具体内容，包括范围、方式、作业人员和设备等，依据附件 1 和附件 2 确定。鉴于打捞清除作业的不确定性，事先约定的作业范围可能不足以满足作业实际情况的需要，当实际情况发生重大改变（substantial change）时，作业内容或所需设备也会发生重大改变。因此，该条允许打捞方通知委托方并协商对附件 1 和附件 2 的约定进行变更。如果情况紧急,打捞方可以迳行处理而无须委托方同意。双方在合同变更下的权利、义务依据第 4 条(作业方法和/或人员船艇与设备变更)所约定的租金增减机制处理。

该条还规定,打捞方应当向委托方代表(company representative)提交每日作业报告(daily report)。这是海洋工程服务作业中的惯常做法,对于当事人合同权利的保障和实现(如委托方的中止或终止合同的权利)以及争议解决都具有重要作用。由于每日作业报告内容的即时性并经打捞方签字确认,即使委托方仅注明"收悉"(for receipt only),对于作业内容仍具有很强的证明力。该条还要求,另一方应当对有义务取得当局作业许可的一方当事人提供协助。

6. 委托方代表

WRECKHIRE 2010 第 3 条要求,在整个合同期间,委托方和打捞方对于作业服务中所采取的方法和程序应当随时进行商讨并达成协议。委托方代表具有委托方的完全授权并且在作业期间应当随时在场。除非打捞方有合理理由拒绝,委托方代表有权在任何时候进入作业现场和打捞方的船艇以及设备。

此外,委托方在作业期间还应自负费用和风险,配齐熟悉残骸装货情况的船员或类似人员,且在作业过程中一经打捞方合理要求即应到场并满足打捞方所要求的建议。

7. 合同变更

在法律性质上,WRECKHIRE 2010 第 4 条作业方法和/或人员船艇与设备变更是关于合同变更的约定,该条是残骸打捞清除合同的重要条款。

BIMCO 在关于 WRECKHIRE 2010 的说明(Explanatory Notes to WRECK-HIRE 2010)中指出,在作业过程中打捞方经常会面临作业方式以及设备等发生重大变更的问题,在这种情况下,该条允许打捞方对合同约定的租金进行调整。该条规定由(a)(b)(c)3 款组成。(a)款是关于作业开始前或过程中因情况发生重大改变致使费用增加的规定。即在作业开始之前或者作业过程中,由于委托方提供的船舶规范、状况和作业地点等相关信息不准确,致使合同作业或者所需人员、船艇和设备发生重大变更(material change),且打捞方对此亦无过错的,则打捞方有权要求对合同约定的费用予以增加。(b)款则是关于因情况改变致使工作难度降低从而委托方有权请求降低费用的规定。即在合同订立之后,若因船舶位置、状况或作业地点等情况与合同订立当时预计情况相比发生重大变更,从而降低合同预计的作业难度或减少对相关人员、船艇和设备的需要,则委托方有权请求对合同约定的费用予以扣减。例如,最初为避免沉船顶部与其他船舶发生接触而需要对沉船进行清除作业,而合同订立后至作业开始前,沉船自行沉入深海,致使作业难度和必要性、实质性降低。再如,合同订立的作业方式为水下抽油,在作业开始前,倾覆船舶因风流影响恢复至正浮状态,实际作业方式由水下抽油变更为水面过驳,作业难度和费用也发生重大变更。

在上述情况下,双方应当毫不迟延地就实质性变更的情况及其费用增减进行协商,并将协商一致的变更情况和费用增减金额书面记载于变更单中。根据第 4 条(c)款,如果当事人就费用不能达成一致,当事人可以通过专家评估程序、调解或者仲裁方式予以解决。但是,在费用争议未经专家评估、调解或者仲裁方式得到解决之前,打捞方仍然应当继续提供作业服务,但这不影响其对费用予以调整的权利。

8. 杂项规定

WRECKHIRE 2010 第 5 条规定,双方各自负有对残骸和作业设备设置标识和警示的义务。委托方对残骸进行所要求的标识和警示,打捞方对作业期间其使用的设备设标和作出警示。

打捞方有权为作业目的免费合理使用残骸的机械、索具、设备等,但不能对其作出不必要的损坏、抛弃或牺牲。在取得委托方同意(对此委托方不得不合理拒绝)并得到主管机关许可的情况下,打捞方有权从残骸上移除、处置或者抛弃货物、船舶部件或设备,但以打捞方认为此种行为是为完成合同作业服务合理所需为限。委托方还应尽最大努力向打捞人提供残骸图纸和货物状况的资料。

打捞清除作业往往也可能对船舶以外的其他财产(主要是货物)实施救助,但 WRECKHIRE 2010 并未规定类似于 TOWCON 的救助条款[1],有观点建议在 WRECKHIRE 等打捞清除标准合同中参考 TOWCON 等就打捞方对货物等财产实施救助的权利进行相应规定。[2]

9. 许可证办理

残骸的打捞,无论是打捞标的还是打捞作业的实施,通常均受到有关主

---

[1] 该条款规定了救助与拖航的关系,详见本书第三章。

[2] Nicholas Gaskell & Craig Forrest, *The Law of Wreck*, Informa Law from Routledge, 2020, p.613.

管机关的行政管制。在进行打捞清除作业前,需要取得有关的执照、批准书、授权书或许可证。WRECKHIRE 2010 第 6 条规定,打捞方负责申请和取得相关的许可,委托方在取得许可方面应当向打捞方提供一切合理的协助。同时,根据第 13 条,因办理许可所产生的所有费用,应由委托方承担。

10. 作业延误

作业延误对委托方和打捞方利益都有影响,在采用 WRECKHIRE 2010 签订合同的情况下,由于作业费用按作业时间计算并支付,故对委托方更加不利。

WRECKHIRE 2010 第 7 条针对作业延误原因的不同作出了不同规定。

(1)恶劣天气、海况或打捞方所不能控制的任何其他原因导致延误,造成打捞方完全无法进行当时的作业的期间,适用等待费率(standby rate);[①]如果打捞方部分无法进行当时的作业,则适用双方约定的在等待费率和约定费率之间的调整费率(第 7 条第 1 款)。如双方对调整费率无法达成一致,则根据第 20 条由第三方专家评估、裁定或根据第 21 条仲裁裁决(第 7 条第 6 款)。

(2)打捞方设备故障或人员不足导致延误,在受影响期间适用等待费率(第 7 条第 2 款)。对于打捞方设备故障或人员不足导致作业延误的程度(仅指完全不能作业或者可以包括部分不能作业),该款规定并不明确。英国学者西蒙·雷尼(Simon Rainey)认为,本款应当适用于完全不能作业所造成的净时间损失的情形。如果只是部分作业受影响从而延缓整个工作进度,打捞方仍应有权按约定费率收费,但是当事人可以考虑参考第 7 条第 1 款约定适用于部分工作受到影响或效率降低等情况的调整费率。[②]

(3)打捞方分包商的设备或人员原因导致延误,打捞方应当与委托方代表协商,就由此损失的时间(如有)达成协议。如果打捞方与分包商在分包合同中约定了等待费率,则分包合同中的等待费率仅适用于协议约定的期间。打捞方还应将其分包设备或人员的任何停租或租金率降低的利益转让给委托方(第 7 条第 3 款)。

11. 中止或终止履行

WRECKHIRE 2010 第 8 条规定,委托方有权随时中止或终止根据本合

---

① "standby rate"也译作"备用费率"。

② Simon Rainey, *The Law of Tug and Tow and Offshore Contracts*, Informa Law, 2017, p. 502 - 503.

同履行的服务,在此情况下,打捞方有权根据约定获得中止或终止时应付的所有款项。如果主管机关未给予中止或终止许可,则委托方应按照约定的适当费率,在等待期间向打捞方支付人员、船艇和设备费用,委托方还应承担打捞方继续提供服务的合理和必要费用。

需要注意,WRECKHIRE 2010 没有关于打捞方有权中止或终止履行合同的相应规定。在合同约定打捞费用分期支付且委托方未履行支付义务的情况下,对打捞方的保护似乎不够充分。

12. 残骸交还和/或处理

关于残骸的交还或处置,WRECKFHIRE 2010 第 9 条规定:

(1)约定的地点对于残骸的交还和/或处理应当是安全的。

(2)如果委托方未立即接受残骸或交还因主管机关的行为受阻或迟延,则委托方应承担自打捞方递交交还通知之日起产生的额外费用,并应继续按日租金率支付租金。

(3)如果委托方未能在收到交还通知之日起 5 日内接受残骸,或者打捞方认为残骸可能发生进一步损失或变得无价值或其残值将不能满足其保管或其他费用,则打捞方有权出售或处置残骸,将出售所得抵扣打捞方的应得款项。

(4)打捞方所交还和/或处置的残骸应当包括船舶的任何部分和/或货物和/或源自船舶的任何其他物品。打捞方对上述残骸的交还可在不同时间和地点进行。

13. 款项支付

在采用 WRECKHIRE 2010 格式订立的合同中,当事人一般会约定船艇、设备和人员的每日租金,处于准备状态的船艇、设备和人员的日租金,并约定租金的支付方式、时间、利息、预付的金额,以及奖金的支付条件等。

根据 WRECKHIRE 2010 第 10 条,合同约定的租金率每日计算和收取,不予退还(第 2 款);多付的部分在作业终止或完成后的 14 天内予以退还(第 3 款);租金不得扣减(第 4 款);以合同约定的货币支付至打捞方指定的银行账户(第 5 款);在租金未按约定及时支付也未提供担保时,打捞方有权提前通知委托方终止合同,并且有权要求委托方支付应付的款项以及行使对委托方可能享有的任何的进一步权利(第 6 款);如未按时收到租金,打捞方有权按约定利率收取利息(第 7 款)。

14. 额外费用

WRECKHIRE 2010 第 13 条和第 14 条分别列举了打捞清除款项（租金）以外的额外费用。

第 13 条列举的与打捞作业服务有关的额外费用应由委托方支付，这些费用主要包括有关船舶的港口费用，辅助拖船的服务费用，与清关、代理、签证、担保有关的费用，税费，许可费用（参见第 6 条），有关人员的住宿差旅费用，在服务期间损失的便携式设备、材料或物料而产生的费用，消耗的燃油和润滑油费用（如果不包括在打捞清除款之内）等。

第 14 条则规定，处置残骸（船舶）产生的额外费用视合同约定由委托方或者打捞方承担。

15. 担保

考虑到委托方可能是单船公司（single ship company），没有足够的资金支付打捞清除款项，WRECKHIRE 2010 第 15 条规定，委托方应在本合同签署时向打捞方提供不可撤销且无条件的担保，担保形式和金额由双方商定。即使打捞方未在签署合同时要求委托方提供担保，事后打捞方也有权要求对方提供担保，委托方应当以双方协商同意的形式和数额对应付或将付的款项向打捞方提供担保。

而且，根据前述 WRECKHIRE 2010 第 10 条第 6 款，如果委托方未按要求及时提供第 15 条规定的担保，打捞方有权终止本合同。

16. 责任承担

责任承担条款主要规定在合同履行过程中，由哪一方承担对合同双方和与其有关的第三方的人员、财产所造成的损害的赔偿责任。

WRECKHIRE 2010 第 16 条和第 24 条分别规定了合同履行中产生的人身和财产损害的赔偿责任以及双方对其他人所应承担的污染损害或清除责任。

第 16 条的规定类似于海上拖航标准合同（如 TOWCON）和海洋工程服务成本租船标准合同（如 SUPPLYTIME）中的相应条款，采用了海洋服务领域通用的"互撞免赔"（knock-for-knock）风险和责任分担原则，即对在履行本合同作业过程中发生的本合同任何一方的人身伤亡以及财产损害（包括利润损失、相应损失等间接损失），各方应自行承担，不得向对方请求赔偿。

第 24 条的规定基本上遵循了第 16 条所采用的"互撞免赔"原则，但该条第 2 款对打捞方过失导致残骸污染物泄漏产生的污染责任承担做了例外规定,即在打捞方具有过失的情况下,打捞方是污染责任的最终承担者,委托方不应根据"互撞免赔"原则对打捞方予以补偿。另外,在因残骸污染物泄漏而产生的污染责任由委托方承担的情况下,CLC 公约或《燃油公约》等船舶污染责任的国际公约①也允许委托方向打捞方进行追偿,即具有过失的打捞方是污染责任的最终承担者。

17. 喜马拉雅条款

WRECKHIRE 2010 第 17 条喜马拉雅条款设置的目的是将该合同或任何适用于该合同的法律所规定或赋予打捞方或委托方的例外、豁免、抗辩、免责、责任限制、追偿等权利扩大适用于其各自母公司、子公司、分公司及其受雇人、代理人以及分包人等。该条还规定,打捞方或委托方应视为上述所有人员、单位和船舶的代理人或受托人并为其利益行事,但打捞方或委托方的权限仅限于通过订立合同使有关利益扩大适用于这些人员、单位和船舶。关于喜马拉雅条款这一标准条款的讨论,可参考本书第三章。

18. 留置权

WRECKHIRE 2010 第 18 条规定,如委托方不及时、足额地向打捞人支付其应得的款项,打捞方有权在由委托方承担由此产生的任何性质的合理费用的条件下行使留置权,对所打捞的残骸进行占有和/或扣留,以担保打捞方根据合同应得的任何款项的实现。

根据我国《民法典》关于担保物权以及留置权的有关规定,上述留置权条款在我国法律下应为有效。

19. 时效

WRECKHIRE 2010 第 19 条是关于时效的规定,包括索赔通知时效和诉讼时效 2 个部分。关于索赔通知时效,该条规定,由于本合同所引起或与本合同或合同项下的服务有关的任何索赔,索赔方应当在服务完成或终止之后的 12 个月之内,或者第三方提出索赔之后的 12 个月之内(以时间较后者为准),向被索赔方发出通知。关于诉讼时效,该条规定任何诉讼应在向被索赔方发出通知后的 12 个月内提起。假如未遵守上述时效规定,则有关索赔和任何权利均应当完全丧失和消灭。

---

① 参见 CLC 公约第 3 条第 5 款和《燃油公约》第 3 条第 6 款。

我国《海商法》没有关于残骸打捞清除合同诉讼时效的特别规定。因此,在我国法律下,本合同的诉讼时效应当适用《民法典》的有关规定。根据《民法典》关于诉讼时效的规定,除法律另有规定外,向人民法院请求保护民事权利的诉讼时效期间为 3 年,而且诉讼时效的期间、计算方法等由法律规定,当事人约定无效。因此,如果本合同有关索赔适用中国法律,在我国法院通过诉讼解决,则该条约定的 12 个月的诉讼时效期应为无效。

20. 专家评估

由于打捞作业时间长、成本高,作业过程中常出现难以预料的特殊情况,WRECKHIRE 2010 第 4 条和第 7 条分别作出了合同变更以及因时间延误而调整合同费率等有关规定。由于在这些特殊情况下需要双方协商,WRECKHIRE 2010 第 20 条规定在双方无法达成一致时委托符合条件的专家进行评估和解决争议的程序。同时,为便于尽快解决问题,减少因争议产生的进一步的时间和费用损失,WRECKHIRE 2010 第 20 条还规定,如果专家评估未被当事人所接受,委托方仍应向打捞方支付根据评估所计算的款项,但款项的支付不影响各自根据合同的争议解决条款寻求救济的权利。

21. 仲裁和调解

实践中,对于合同项下产生的争议,当事人可以在合同中约定诉讼、仲裁或者调解等争议解决方式。此外,合同当事人通常还会约定合同争议所适用的法律。

作为争议解决条款,WRECKHIRE 2010 第 21 条规定了仲裁和调解两种争议解决方式。具体而言,该条分别规定了伦敦仲裁适用英国法、纽约仲裁适用美国法以及当事人同意的其他仲裁地点并适用该地法律 3 个选项,供当事人自由选择并且在合同中作出明确约定。此外,该条还规定了当事人在提交仲裁之前或仲裁之后的任何时间将争议通过调解解决的具体方法,以及调解与仲裁程序的关系,使本合同的争议解决方式更为丰富并契合当事人的不同需求。当然,当事人也可以选择将本合同的争议解决条款(第 21 条)删除,另行约定诉讼方式以及相应的管辖法院。

二、WRECKSTAGE 2010

WRECKSTAGE 2010 中文译为"总包价-分期付款"型打捞清除合同,其同样由第 1 部分、第 2 部分和附件组成。与 WRECKFIXED 一样,该合同的作业费用也是当事人约定的一笔固定金额,但费用的支付不同于 WRECK-FIXED 的"无效果–无报酬"原则,而是采用分阶段和分期支付的方式。在风险分担方面,该合同既不像 WRECKHIRE 那样约定委托方主要承担作业风险,也不同于 WRECKFIXED 要求打捞方承担作业延误或不能完成的风险,其试图更好地平衡双方的风险与权利,因此在打捞实践中更容易被当事人接受。

在内容上,除了作业费用的确定和支付条件(第 10 条)以及终止履行(第 8 条)、残骸交还和处理(第 9 条)、额外费用(第 11 条)等条款外,WRECKSTAGE 2010 的其他条款与 WRECKHIRE 2010 的内容几乎完全相同,故本部分仅就 WRECKSTAGE 这几个条款加以讨论,其他条款可参见WRECKHIRE 2010。

1. 作业费用的确定和支付条件

根据 WRECKSTAGE 2010 第 10 条(a)款,委托方应当将合同约定的固定金额作业费用在合同约定的到期时间分期支付给打捞方。(b)款规定,每一期作业费用在其到期时即应完全并不可撤回地被打捞方挣得,本合同下的其他应付费用则以日为单位(不足一日的按比例)被完全和不可撤回地被挣得。这一规定的法律意义在于,一旦打捞方完成相应阶段的作业,则该阶段对应的作业费用即由打捞方完全和不可撤回地挣得,无论此后的作业或全部作业打捞方是否实际完成,其针对已完成作业所挣得的作业费的权利不受影响。例如,如果合同约定全部打捞作业分 6 个阶段完成,而实际打捞仅在第 5 阶段和第 6 阶段实施,那么在第 5 阶段和/或第 6 阶段的实际打捞以失败告终的情况下,则尽管作业最终没有取得效果,但根据本合同,委托方仍应支付前 4 个阶段的作业费用。此种情况下,打捞方也有权按照第 8 条(终止)所规定的条件终止履行本合同。如果残骸仍需要继续打捞,委托方需另行订立新的合同。

2. 终止履行

WRECKSTAGE 2010 关于终止履行合同的规定与 WRECKFIXED 2010 有相似之处,而与 WRECKHIRE 2010 有所不同。

WRECKSTAGE 2010 并未像 WRECKHIRE 2010 那样赋予委托方或打捞方中止履行合同的权利,而仅规定了在下列情况下委托方和/或打捞方的终止履行权:

(1)在合同约定的人员或船舶设备开始调遣之前,委托方可以随时(无须事先通知打捞方)终止履行本合同,但应向打捞方支付合同约定的合同解除费[第8条(a)款]。

(2)在按照合同约定完成作业服务在技术上或实际上已经变得不可能的情况下,经委托方同意(对此委托方不能不合理拒绝),打捞方有权终止合同而无须承担进一步的责任[第8条(b)款]。在此情况下,打捞方应无权仅以继续履行合同将导致其财务上的困难、亏损甚至破产倒闭为由而终止合同,但其应有权根据第4条以实际情况发生重大改变为由要求委托方支付额外费用。

(3)如果委托方未能在作业费用到期之日起7日内进行支付,或者未能在5个银行工作日内按打捞方要求提供第12条所规定的担保,打捞方有权终止本合同[第10条(e)款]。

(4)在作业实际情况发生重大改变的情况下,如果双方在打捞方提出增加费用要求之日起5日内未能就额外费用金额达成一致,则打捞方或者委托方有权终止本合同下的作业服务[第4条(a)款iii项]。

3.残骸交还和处理

根据WRECKSTAGE 2010,在尽适当谨慎义务履行合同约定的作业服务的最后阶段,打捞方应当在约定地点将残骸交还给委托方或按照约定对残骸进行处理(WRECKHIRE 2010和WRECKFIXED 2010亦同),而委托方则有义务立即接受(acceptance)并受领(take over)打捞方所交还的残骸。委托方对残骸的接受可构成委托方同意打捞方已按照合同完成了作业服务的初步证据;而接管则表明残骸的直接或间接占有由打捞方转移给委托方。[①] 但是,在因天气、海况或不可抗力等客观因素,委托方或主管机关主观原因致使作业完成后打捞方不能在约定地点向委托方或其代表完成交还的情况下,WRECKSTAGE 2010第9条赋予打捞方如下权利以保护其合法权益:[②]

(1)如果打捞方认为在合同约定地点交还或处理残骸变得不可能或不安全,而委托方又未指定替代地点的,打捞方有权在最近的既安全又不会产生不合理延误的地点向委托方交还残骸,由此增加的时间和费用应由委托方补偿给打捞方。

---

① Nicholas Gaskell & Craig Forrest, *The Law of Wreck*, Informa Law from Routledge, 2020, p. 645.

② 与WRECKSTAGE 2020第9条(残骸交还和/或处理)有关的更进一步的讨论,可参见Nicholas Gaskell & Craig Forrest, *The Law of Wreck*, Informa Law from Routledge, 2020, p. 645-651.

（2）如果残骸是在打捞方提供的泵、空压机或其他设备控制之下进行交还的，则委托方应当及时安排己方设备和操作人员以替换打捞方的设备和操作人员。委托方应当按照合理费率向打捞方支付自交还之日至相关人员和设备返回基地之日期间的人员设备使用费以及打捞方产生的与此有关的额外费用。

（3）作业服务完成后，如果委托方未能在打捞方递交书面交还通知起的 5 日内受领残骸，或者打捞方认为残骸可能遭受进一步的损失，或者变得无价值，或者其残值将不能抵偿额外的保管或其他费用，在打捞方可能对委托方提出的任何其他索赔不受影响的情况下，打捞方有权将残骸出售或处理以偿付打捞方合同项下的应得款项。残骸出售的残值不足以抵偿打捞方根据合同应得款项的，对于不足部分委托方仍应向打捞方清偿。

4. 额外费用

除了合同约定的固定金额的作业费用，WRECKSTAGE 2010 还规定了若干额外费用，具体包括：与残骸（船舶）有关的港口费用或类似费用；任何打捞方认为合理必要的，或者港口当局要求辅助拖船的服务费用；与清关、代理、签证、担保有关的费用；税费以及社会保险费用；许可费用；履行合同服务合理发生的费用以外的，打捞方应政府或有关主管机关要求而发生的费用；与处理残骸或其他操作中合理牺牲的移动式救助设备材料或物料有关的，打捞方产生的费用。根据 WRECKSTAGE 2010 第 11 条，当事人应当在合同中约定上述额外费用应由哪一方承担；而且，如果另一方替合同约定的费用承担方支付了相关额外费用，一经收到相关账单，费用承担方应向对方支付相关费用并加上约定比例的管理费作为补偿。

三、WRECKFIXED 2010

WRECKFIXED 2010 中文译为"总包价-'无效果，无报酬'（FIXED PRICE - "NO CURE, NO PAY"）"型打捞清除合同。在形式上，它与 WRECKHIRE 2010 相同，即由第 1 部分、第 2 部分和 3 个附件①组成。

在内容上，WRECKFIXED 与 WRECKHIRE 有很多相同或类似的条款，

---

① 附件 1：施工人员、船舶和设备；附件 2：作业方式和预计时间进度；附件 3：打捞方每日工作报告。

例如,打捞方尽适当谨慎进行作业服务并防止和减少环境损害的义务(第2条);约定的人员、船艇和设备(第2条第3款以及附件1);作业方案的制定、提供(附件2);人员和设备的替换(第21条);标识警示、货物处理、设备使用和图纸提供等杂项规定(第5条);许可证条款(第6条);担保条款(第11条);"互撞免赔"责任(第12条);喜马拉雅条款(第13条);留置权(第14条);时效(第15条);专家评估(第16条);仲裁和调解(第17条),等等。

WRECKFIXED 2010 与 WRECKHIRE 2010 的不同规定主要如下:

1. 作业费用的计算与风险承担

根据 WRECKFIXED 2010 第2部分第2条(作业服务),与 WRECKHIRE 2010 合同一样,打捞方负有打捞和处理残骸(船舶)以及防止和减少环境损害的义务,但是 WRECKFIXED 2010 项下的作业服务应当根据"无效果-无报酬"原则实施。同时,根据第1部分第9栏,打捞方的作业费用为一笔约定的固定金额(fixed price)。而根据第2部分第9条(a)款,本合同约定的固定金额在完成合同约定的作业服务之时才到期并支付①。

根据 WRECKFIXED 2010 的上述规定,由于委托方仅需支付固定金额并仅需在作业完成之时支付费用,故本合同下作业能否完成以及是否有延误等风险基本上由打捞方承担。为此,打捞方应考虑是否能够和愿意承担以 WRECKHIRE 条件订立打捞合同的风险。在按 WRECKHIRE 签订合同的情况下,取得作业费用担保对于打捞方来说非常重要。故该合同第2部分第11条规定,在本合同签订之时,委托方应当按照双方约定的金额和形式向打捞方提供无条件和不可撤销的担保。

2. 作业服务、人员、船艇或设备的变更

尽管 WRECKFIXED 项下的作业费用是固定金额,但按照本合同,打捞方在某些情况下有权对作业费用予以变更。

根据 WRECKFIXED 2010 第4条(a)款,在作业开始之前或作业过程中,由于打捞方所依赖的委托方的错误陈述或错误的合同描述,合同约定的作业服务和/或所需要投入的人员、船艇和设备发生重大变更,或者残骸(船舶)或作业场所的位置和/或状态发生重大变更,致使费用增加而打捞方又

---

① 即"which amount shall be due and payable upon completion of the services as described in Box 7"。

没有过错的，打捞方应立即将有关情况以及完成作业所需的预计额外费用书面通知委托方，并通过与委托方协商，对作业服务内容进行变更并且约定额外的作业费用。如果在委托方提出额外费用要求之日起 5 日内，双方对于额外费用未能达成一致，在主管机关允许的情况下任何一方有权终止本合同项下的服务，而且打捞方请求支付额外费用的权利不受影响。如果是在终止服务未获主管机关允许的情况下，打捞方应继续完成合同约定的服务并有权向委托方索赔额外费用。

另一方面，根据第 4 条（b）款，如果由于残骸（船舶）或作业场所的位置和/或状态发生重大变更而使作业难度降低的，委托方有权对合同约定的固定金额予以降低。例如，合同订立的作业方式为水下抽油，在作业开始前，倾覆船舶因风流影响恢复至正浮状态，实际作业方式由水下抽油变更为水面过驳，作业难度明显降低，则相关作业费用也应予以减少。

如果当事人对于增加或者降低作业费用不能通过协商达成一致，则可以根据专家评估条款或者争议解决条款通过专家评估、仲裁或调解程序对合理的费用增减作出决定。同时，在争议提交解决期间，打捞方应继续进行作业，但不影响其主张对费用进行调整的权利。

3. 残骸交还和/或处理

按照 WRECKFIXED 合同的"无效果–无报酬"原则，以及根据 WRECKFIXED 2010 第 2 条（作业服务）和第 9 条（款项支付），作业费用仅在服务（包括在约定地点交还和/或处理残骸）完成之时才能到期并支付，故在本合同中残骸是否完成交还和/或处理是打捞方作业费用请求权的成立条件。

打捞方的残骸交还和/或处理义务的履行受到下列情况的影响，需要合同作出相应规定：

（1）残骸交还和/或处理地点是安全的且被主管机关认可的。故 WRECKFIXED 2010 第 8 条规定，合同约定的交还地点对于打捞方自有或租入船艇而言应当始终是能够安全进入并进行操作的地点，并且是被主管机关允许作为残骸交还和/或处理的地点。在打捞方认为在合同约定的地点残骸不能安全交还或处理或者不可能交还或处理的情况下，如果委托方又不能指定新的地点，则打捞方有权选择主管机关许可的，其能够安全和及时到达的地点完成交还或处理，此种交还或处理视为其合同义务的履行。[1]

---

① 因此，打捞方也有权请求支付作业费用。

（2）如果残骸是在打捞方提供的泵、空压机或其他设备控制之下进行交还，则委托方应当及时安排己方设备和操作人员以替换打捞方的设备和操作人员，委托方还应当按照合理费率向打捞方支付设备和人员使用费用并承担打捞方由此产生的额外费用①。

（3）委托方对打捞方所交还残骸的受领。WRECKFIXED 2010 第 8 条还规定，委托方有义务在合同约定的交还地点立即接受和受领(accept and take delivery of)残骸，以避免打捞方产生进一步的费用以及残骸遭受进一步的损毁。因此，如果委托方未能及时接受和受领残骸，自打捞方通知交还残骸之时起所产生的额外费用应由委托方承担。此外，根据第 8 条(d)款，作业服务完成后，如果自打捞方向委托方发出交还残骸的书面通知之时起 5 日内，或者打捞方认为残骸可能遭受进一步损失或变得无价值，或者其残值将不能满足额外的保管费用，在打捞方可能对委托方提出的任何其他索赔不受影响的情况下，打捞方有权将残骸出售或处理以偿付打捞方合同项下的应得款项，如有余额则应予以退还。

但是，如果残骸不能交还，或者迟延交还并非委托方的原因而是主管机关的原因所致，即使此种原因是打捞方所无法控制的，自打捞方通知交还残骸之时起所产生的额外费用仍应由打捞方承担。在主管机关的原因导致残骸交还无法实现的情况下，打捞方应有权根据 WRECKFIXED 2010 第 7 条(b)款解除合同而无须承担任何更进一步的责任。

4.终止合同

鉴于"总包价-'无效果，无报酬'"型打捞清除合同下，合同当事人特别是打捞方承担了较大的费用投入风险，WRECKFIXED 2010 第 7 条赋予了当事人双方在一定条件下终止履行合同的权利。

根据第 7 条(a)款，委托方有权在合同约定的人员、船舶或设备开始调遣之前的任何时间终止本合同的履行，但应向打捞方支付合同约定的合同解除费。

根据第 7 条(b)款，在按照合同约定完成作业服务在技术上或实际上变得不可能的情况下，经委托方同意，打捞方有权终止合同而无须承担进一步的责任。对于打捞方此种的终止合同请求，委托方不得不合理拒绝。另外，根据本合同第 9 条，如果委托方未能在合同项下的款项到期之日起 7 日内

---

① 在 WRECKSTAGE 2010 中，委托方也负有此项义务。

支付有关款项，或者未能在打捞方根据第 11 条要求委托方提供担保之日起 5 个银行工作日内提供担保，打捞方也有权提前 3 天通知委托方终止本合同，并且打捞方针对委托方的任何权利和救济不受影响。

第三章
海上拖航国际标准合同

第一节　概述

海上拖航,又称海上拖带,是承拖方使用拖船将被拖物经海路从一地拖至另一地,并由被拖方支付拖航费的一种海上营运活动。

承拖方是用其自有船舶或租用的船舶为他人提供海上拖航服务并收取拖航费用的人,从事拖航服务的承拖方既有专业性海上拖航企业,也有专业救助打捞企业或海洋工程服务企业兼营海上拖航服务。

被拖方是要求承拖方提供拖航服务的人,一般是拖航合同项下的被拖物的所有人或其他利害关系人;被拖物则包括驳船或其他无动力的船舶、钻井平台、浮船坞、浮码头等海上装置以及失去动力的船舶等。

在拖航作业开始前,一般由承拖方和被拖方约定采取何种拖航方式,以及何方对拖航作业进行控制,行使指挥权。在法律上,何方控制拖航作业是一个事实问题,应当视双方约定(如被拖物的随船船员是否以及如何发出指示)和拖航作业不同阶段的具体情况作具体分析,以下就几种通常情况加以说明:①

(1)在拖船和被拖物有充裕作业空间的开敞水域,如果被拖方的随船船员就拖带航向和航行方式发出指令,则由被拖方控制作业。

---

① Simon Rainey, *The Law of Tug and Tow and Offshore Contracts*, Informa Law, 2017, p. 41-43.

（2）在被拖方的随船船员仅在拖航开始时发出一般性指令而在拖航中未再发出其他指令，或者被拖方的随船船员根本未发出任何指令的情况下，承拖方控制作业。

（3）在港口或航道等受限水域或者在周围船只较多的开敞水域，指挥权通常由承拖方行使，因为承拖方了解当地情况并能最好地控制被拖物。

（4）在被拖物虽配备随船船员，但其不能自航，或者失去控制影响其航行时，承拖方控制作业。

各国国内立法很少有关于海上拖航合同的专门规定。立法的不发达使得海上拖航合同的具体约定往往成为解决拖航争议的主要依据。

一、海上拖航合同的概念、分类

（一）概念

海上拖航合同，又称海上拖带合同。我国《海商法》第155条将其定义为"承拖方用拖轮将被拖物经海路从一地拖至另一地，而由被拖方支付拖航费的合同"。《海商法》第七章关于海上拖航合同的规定，不适用下列三种情况：第一，拖船在港区内对船舶靠离码头及其他操纵所提供的服务。[①] 第二，救助方拖带被救助物的拖带行为。第三，拖船所有人拖带其所有的或者经营的驳船载运货物，经海路由一港运至另一港的，视为海上货物运输。

（二）海上拖航合同的分类

1. 按起拖地和目的地区分

（1）沿海拖航合同，即起拖地和目的地均位于同一国境内的海上拖航合同。不少国家的法律规定，沿海拖航只能由其本国的拖船经营。根据《海商法》第4条规定，我国港口之间的海上拖航，"由悬挂中华人民共和国国旗的船舶经营，但法律、行政法规另有规定的除外"，"非经国务院交通主管部门批准，外国籍船舶不得经营我国港口之间的拖航"。

（2）国际海上拖航合同，即起拖地和目的地位于不同国家的海上拖航合同。本章主要讨论国际海上拖航合同。

2. 按拖航费的计收方式区分

（1）日租型海上拖航合同，即在海上拖航的时间，按双方约定的拖船日

---

① 参见《海商法》第155条第2款。

租金率计收拖航费的海上拖航合同。

（2）承包型海上拖航合同,即拖航费为双方约定的一笔拖航金额的海上拖航合同。有的承包型海上拖航合同同时规定了海上日租金率,它被作为当被拖方在起拖地迟延起拖和目的地迟延解拖,以及因拖航过程中的迟延,而向承拖方支付损失赔偿金的计算标准。

二、海上拖航合同的主要内容

海上拖航合同的主要内容包括:

（1）承拖方和被拖方的名称和住所。这是确定合同当事人的依据。

（2）拖船的名称、主要尺度、拖船马力等。这些内容是拖船的基本情况,在 TOWCON 标准格式中被作为附件 A 单独列明。在合同履行过程中,承拖方应按此规定提供拖船,否则应负违约责任。

（3）被拖物的名称和主要尺度等。这些是被拖物的基本情况,如果实际情况与约定不符,承拖方可以拒绝拖带,并可就因此产生的损失向被拖方索赔。

（4）起拖地和目的地。这是确定合同履行地的依据。

（5）起拖日期。起拖日期的约定是确定合同开始履行和确认当事人责任期间和划分责任风险的依据。

（6）拖航费及其支付方式。这是拖航合同的重要内容,按约定支付拖航费是被拖方的最基本义务之一。

除上述主要内容外,海上拖航合同中通常还包括拖船的适航与适拖、被拖物的适拖、安全港口保证、留置权、绕航、救助、滞期费、共同海损、责任与免除、合同的解除、索赔及程序、法律适用等条款。

第二节　BIMCO 海上拖航标准合同

我国法律规定,海上拖航合同应当书面订立。[①]在实践中,海上拖航合同往往是双方当事人在选择的标准合同的基础上根据双方实际情况和具体要

---

① 参见《海商法》第 156 条。

求进行适当的修改后达成的。在海上拖航国际标准合同中，TOWCON 和 TOWHIRE 两种格式在实际中的应用最为普遍。

TOWCON 和 TOWHIRE 的全称分别为 International Ocean Towage Agreement（Lump Sum）和 International Ocean Towage Agreement（Daily Hire）。二者的共同之处在于，均为大规模、长时间的远洋拖带所设计和使用，而不适合于小规模港内、沿海或与近岸服务有关的拖带服务。正如 BIMCO 所说，TOWCON 和 TOWHIRE 都是供海上商业拖带工作使用，而不适用于港内拖带或救助。二者的不同之处在于，被拖方向承拖方支付拖航费的计算方式不同。TOWCON 是承包型拖航合同，拖带服务的价格或费用可以由双方提前作出估计[如从沃尔维斯（Walvis）湾到德班的拖带]的情况下，双方可以以 TOWCON 格式签订固定金额的拖带合同。TOWHIRE 是日租型拖航合同，被拖方须按使用拖船的时间向承拖方按约定租金率支付租金。

TOWCON 和 TOWHIRE 在 1985 年被首次制定，曾于 2008 年被修订。修订版本称为 TOWCON 2008 和 TOWHIRE 2008。2021 年，BIMCO 又在 2008 版本的基础上对这个标准合同再次作出修改，修改后的最新版本称为 TOWCON 2021 和 TOWHIRE 2021。

一、TOWCON 2021

TOWCON 2021 由第 1 部分、第 2 部分以及 3 个附件组成。

第 1 部分表格共有 39 个空白栏目供双方填写。另外规定，承拖方和被拖方双方同意按照由第 1 部分（含附加条款）、第 2 部分和附件共同组成的本合同条款达成协议，并且承拖方应根据这些条款尽最大努力履行合同列明的拖带或其他服务。本部分最后分别留出 2 个位置，供承拖方和被拖方代表签字。第 2 部分由 37 条标准条款组成。3 个附件分别是附件 A 拖船船舶说明（Tug Specification）、附件 B 被拖物说明（Tow Specification）以及附件 C 拖带索具清单（Inventory of Towing Gear）。

在 TOWCON 2021 中，第 1 部分是双方约定的合同事项及细节，是第 2 部分适用的基础和依据。当第 1 部分及其附加条款与第 2 部分和附件发生冲突时，第 1 部分及其附加条款仅在冲突的范围内优先适用于第 2 部分和附件。

（一）第 1 部分 表格

1．第 1 栏至第 3 栏

这 3 栏分别为合同签订日期（第 1 栏）、承拖方（tugowner）名称/住所（第 2 栏）和被拖方（hirer）名称/住所（第 3 栏）。

根据《民法典》第 63 条，法人以其主要办事机构所在地为住所。根据《海商法》第 155 条之规定，承拖方和被拖方是海上拖航合同的当事人，二者应分别承担合同约定的义务并享有合同约定的权利。

2．第 4 栏至第 11 栏（被拖物状况）

关于被拖物状况的约定，包括被拖物名称、类型和 IMO 编号（第 4 栏）；被拖物吨位（第 5 栏：总吨位/净吨位/载重吨/其他）、尺度（第 6 栏：最大长度、最大宽度和拖航吃水）；被拖物船旗和登记地（第 7 栏）；被拖物登记所有人（第 8 栏）；被拖物船级社（第 9 栏）；被拖物保险（第 10 栏：船壳保险人、保赔保险人）；被拖物概况以及所载货物、压载水以及其他财产详情（第 11 栏）。

3．第 12 栏至第 17 栏（拖船状况）

关于拖船状况的约定，包括拖船名称、类型和 IMO 编号（第 12 栏）；船旗和登记地（第 13 栏）；船级社（第 14 栏）；拖船保险（第 15 栏：船壳保险人、保赔保险人）；经证明的系柱拖力与证书日期（第 16 栏）；功率（第 17 栏）。

上述第 4 栏至第 17 栏内容一经填写在相应栏中并最终由双方签字，便构成拖航合同的条款。不论是被拖物还是拖船不符合约定的状况都将构成违约，另一方有权向违约方要求损害赔偿甚至有权解除合同（如果违约，后果比较严重）。

一般情况下，拖航合同中反映拖船状况及其拖带功能的数字约定对于合同的履行非常重要，直接影响拖船能否按预计方式和时间完成拖航，因此可能产生潜在的索赔。承拖方为保护自己的利益，一般会要求在有关数字前加上"大约"（about）或"无保证"（without guarantee）等限定词。

英国法下，在数字前面加上"大约"可以允许该数字有对承拖方有利的浮动。至于允许的浮动范围，则应根据证据所证明的使用该数字时的考虑等情况确定。如果在数字前面加上"无保证"，在作出陈述方善意相信该数字真实时，该人无须对错误陈述负责，如同未作约定一样。如果陈述方错误陈述无合理依据,则应当承担违约责任。[1]

4. 第 18 栏至第 33 栏(操作和商务条款)

第 18 栏至第 21 栏分别填写起拖地(第 18 栏)、目的地(第 19 栏)、服务性质(第 20 栏)、计划航线(第 21 栏)。

关于服务性质(nature of services),考虑到 TOWCON 约定的拖航费是固定价格(承包价格),故该栏内容应尽量明确、准确,以免产生有关服务(如将被拖物上的供拖带使用的固定结构移除等)是否包含在合同范围之内的争议。[2]

第 22 栏和第 23 栏分别用于填写拖航费金额(承包价)、分期支付金额和时间以及币种、付款方式和银行账号等信息。第 24 栏用来填写合同约定需额外支付的燃油种类及单价的信息。

第 25 栏至第 30 栏分别是关于起拖地免费时间(第 25 栏)、目的地免费时间(第 26 栏)、通过运河和限制性水域免费时间(第 27 栏)、中间加油港口或地点免费时间(第 28 栏)、延滞费(第 29 栏)、移交期间及通知方式(第 30 栏)的约定。

第 31 栏约定解约时间和日期(第 31 栏),第 32 栏约定解除费用(第 32 栏),第 33 栏约定承拖方每日报告收件人的联系方式。

5. 第 34 栏至第 39 栏

第 34 栏约定随船船员(riding crew),即在被拖物上工作的船员的提供方和承拖方提供的随船船员的收费标准;第 35 栏约定在拖船上的被拖方人员的餐费和住宿费标准。

第 36 栏约定费用利息的利率,第 37 栏约定财务保证事项(如无此项约定,无须填写)。

第 38 栏为关于准据法和仲裁条款的约定,第 39 栏则用于填写双方约定的附加条款的数量。

(二)第 2 部分 标准条款

1. 第 1 条 定义(Definitions)

为增强本合同的明确性和可理解性,TOWCON 2021 第 2 部分第 1 条首

---

[1] [2001] 2 Lloyd's Rep 19. Simon Rainey, *The Law of Tug and Tow and Offshore Contracts*, Informa Law, 2017, p. 88.

[2] 服务性质(范围)的争议在救助作业分合同(如 SALVCON)中也经常产生。

先规定了本合同使用的重要术语的定义。

本合同定义的"被拖物"可包括一个或多个水上漂浮物,如船舶、驳船、浮码头/船坞和其他水上浮动装置。在"被拖物"是多个船舶或驳船组成的船队的情况下,如果拖带中部分被拖物丢失或灭失而仅有一部分被拖物到达目的地,则能否认为被拖物已经到达?如果合同约定一定比例拖航费在被拖物到达时支付,在只有部分被拖物到达的情况下,承拖方是否有权要求被拖方按约定比例足额支付拖航费?

为避免这些可能发生的争议,双方可订立附加条款,明确规定拖航费在一定情况下或一定时间内即视为挣得(earned),而无论被拖物的任何组成部分是否灭失或损坏。这种条款习惯上称为"无论灭失与否"条款("lost or not lost"clause)。

2. 第 2 条 服务(Services)

在 TOWCON 2008 中,本条标题为"合同基础",TOWCON 2021 将其变更为"服务",即明确承拖方在本合同下的主要义务为尽合理谨慎履行合同第 1 部分所列明约定的服务。承拖方违反此项基本义务的,应承担过错责任。本条进一步要求承拖方应当向被拖方相关人员提供每日拖航报告。

从承拖方的角度看,合同所约定的服务范围应当尽量具体和明确,否则双方容易因承拖方应承担的工作范围产生争议。

3. 第 3 条 起拖地/接拖地与通知

本条规定,起拖地和接拖地应当始终安全,使拖船能够安全进入和操作,并使拖船和被拖物能够安全离开。根据当地或其他规则、要求或规范,拖船应当被允许在该地开始拖航。被拖方指定的起拖地/接拖地应经过承拖方的同意,但承拖方对此不得进行不合理的拒绝。被拖方应当在约定的移交期间内向承拖方作出移交通知,并在接拖地将被拖物移交给承拖方。

4. 第 4 条 目的地/解拖地

本条规定,拖船到达约定的目的地时,被拖物应当被移交给被拖方。而且,解拖地应当始终安全,使拖船和被拖物能够安全进入和操作,并使拖船能够安全离开。根据当地或其他规则、要求或规范,拖船应当被允许在该地移交被拖物。被拖方指定的解拖地应经过承拖方的同意,但承拖方对此不得进行不合理拒绝。

5. 第 5 条 价格和支付条件(Price and Conditions of Payment)

一般情况下,TOWCON 合同约定拖航费(总承包价)在拖带或航程的特定阶段按期支付。只要约定的某一阶段到来或某一条件具备,那么该期的拖航费就应由承拖方挣得,不论以后被拖物是否到达目的地或随后的拖带是否完成。当然,如果合同约定全部或部分拖航费在被拖物到达目的地和/或移交时才到期,则在被拖物因灭失或其他原因不能到达目的地的情况下,承拖方将无权取得该部分拖航费。

本条(c)款是典型的"禁止扣减"(anti deduction)条款,该条款在英国法下完全有效,但应作严格解释。① 本条(c)款措辞十分明确和广泛,能够有效防止被拖方以反索赔或其他理由扣减拖航费。在一个英国判例中,燃油供应合同中的一条类似条款约定"payment shall be made in full, without set-off, counterclaim, deduction and/or discount, free of bank charges"。仲裁员认为,该条款不允许已支付的费用被已作为(支付人)反索赔的担保为由申请扣押或冻结,即使假如不予以扣押则支付人的反索赔将难以实现,亦然。②

6. 第 6 条 燃油价格调整(Bunker Price Adjustment)

本条是在航次期间燃油价格变动情况下保护双方权利的规定。根据第(a)款,第 24 栏列明的燃油价格是确定价格调整的基础,该价格通常是合同订立时拖船燃油的实际价格。在航次(按第 18 栏至第 21 栏内容确定)中,如果实际支付燃油价格高于该价格,应由被拖方向承拖方支付二者的差额;如果实际支付燃油价格低于该价格,应由承拖方向被拖方支付二者的差额。证明实际支付燃油价格的证据是燃油供应商开具的发票,证明消耗燃油数量的证据是拖船航海日志。

7. 第 7 条 免费时间/延滞费(Free Time/Delay Payments)

本合同确定的总拖航费是根据合理预计的拖带时间计算确定的。由于被拖物合理正常接拖和解拖而使用拖船的时间已经考虑并包含在拖航费中,当事人往往对接拖和解拖的免费时间作出约定。在被拖物实际接拖时间(起拖地实际时间)或实际解拖时间(目的地实际时间)超过免费时间的情况下,对于超出的那部分时间,被拖方应按约定费率向承拖方支付延滞费。

同样,在实际通过限制性水域时间或者加油时间少于约定时间的情况

---

① Simon Rainey, *The Law of Tug and Tow and Offshore Contracts*, Informa Law, 2017, p. 98.

② CMA-CGM Marseille v. Petro Broker International [2011] EWCA Civ 461. Simon Rainey, *The Law of Tug and Tow and Offshore Contracts*, Informa Law, 2017, p. 98.

下,被拖方无须支付费用。如果实际通过时间或者加油时间超过约定时间,则超过部分的时间承拖方应按约定的费率支付延滞费。

8. 第 8 条 解约日延长(Extension to Cancelling Date)

根据本条(a)款,如果拖船未能在第 31 栏约定的日期和时间做好开始拖带的准备,被拖方有权解除合同。在合同中约定解约日期有利于在拖船严重延误不能及时到达起拖地的情况下减少双方的损失和争议。根据本款,只有在承拖方有意不履行合同义务导致拖船延误到达的情况下,被拖方才有权向对方索赔损失。本条(b)款又称"质询条款",要求承拖方不能在解约日前到达起拖地时将可能的延误及早通知被拖方,这对双方都有利。有了这一条款,承拖方将避免因不得不派拖船前往起拖地而当到达时被拖方解除合同导致无谓的损失。对于被拖方,尽早得知拖船不能及时到达可使其有充分时间寻找替代船或重新确定新的解约日,也有利于其减少损失。

本条规定,通知的形式与方式依照第 37 条(BIMCO Notices Clause)的规定。

9. 第 9 条 附加费和额外费用(Additional Charges and Extra Costs)

本条规定了除应支付给承拖方的拖航费之外,被拖方应当承担的额外费用。

10. 第 10 条 利息(Interest)

根据本条,本合同的任何一方在另一方未及时支付其应付款项时,有权就迟延支付的款项按约定计算并收取利息。双方所约定的利率应当在合理的商业利率范围内。在英国法下,如果当事人约定的利率不合理地超过通常的利率标准,则此种利率属于惩罚性约定,违背了禁止惩罚性约定的一般法律原则,不能依法强制执行。我国司法实践通常也不认可过多超过实际利息损失的利率约定。

11. 第 11 条 被拖物适拖(Tow-worthiness of the Tow)

本条规定了被拖方谨慎处理使被拖物在拖带开始前适拖的义务。被拖物的适拖性应根据合同约定的拖航服务(计划航次)具体范围确定,并且被拖方适拖义务的履行期间限于拖航开始之时。因为被拖物通常不配备船员或者仅配备较少的随船船员,难以保证在整个拖带过程中被拖物始终适拖,所以仅要求被拖方在拖航开始时使被拖物适拖是合理的。对于适拖义务,须注意以下方面:

（1）被拖方履行该义务标准为谨慎处理（exercise due diligence），在有几种合理方式使得被拖物处于适拖状态的情况下，只要被拖方采取了其中一种方式，即履行了该义务，即使采取这种方式实际上没有使被拖物适拖。

（2）被拖方谨慎处理使被拖物适拖的义务是不可替代的。也就是说，如果适拖义务实际由他人履行，则该履行人便负有谨慎处理的义务，否则被拖方应对此人未尽到该义务负责，即使被拖方本身没有过错。

（3）谨慎处理使被拖物适拖实际上与英国普通法要求被拖方承担的谨慎义务标准是一致的。如果未谨慎处理，相当于被拖方有过失。

（4）谨慎处理义务仅在被拖物处于被拖方占有或控制的情况下才适用。在被拖方通过购买取得被拖物的情况下，被拖方并不当然承担被拖物前所有人未谨慎处理的责任。但是，被拖方应当按本条规定采取合理适当的检验措施确保被拖物适合于计划航次的拖带，若发现任何影响被拖物适拖性的问题应予以修复和纠正。如果经谨慎处理进行检验仍无法发现的缺陷使被拖物不适拖并造成损失，被拖方对此种不适拖及损失不予负责。

本条（b）款规定，被拖方在拖船到达起拖地时应保证：

（1）使被拖物适当地处于良好状态（包括适当地压载）；

（2）被拖物应准备就绪以便拖带；

（3）被拖物应配好拖航所需号型、信号、航行灯及其他灯具。虽然本款的保证义务也是被拖方使被拖物适于拖带义务的一部分，但与谨慎处理使被拖物适拖不同，该款义务不以被拖方谨慎处理为条件。因此，若未遵守这些保证，被拖方即应负责，而不管其是否已经谨慎处理。如此规定的理由在于这些事项通常是被拖方能够并且容易完成的。

本条（c）款规定，被拖方应当在拖船到达接拖地时向承拖方提供由被认可的海事检验公司或组织签发的适拖证书。而且，即使提供了适拖证书，在承拖方认为被拖物实际适于拖带并做好拖航准备之前，承拖方有权拒绝开始拖带。当然，承拖方拒绝拖带应当有合理根据。当承拖方和被拖方对于被拖物是否适拖有不同意见时，通常会共同指定双方认可的一位检验人或双方分别指定的检验人组成的联合检验小组解决有关技术性争议。本条（d）款规定，在承拖方对被拖物进行检验以确定其是否适拖的情况下，该检验不构成承拖方对被拖物状况的认可，也不应视为承拖方放弃要求被拖方履行适拖义务。这一规定的理由在于，承拖方对被拖物的了解和检验在范围和时间上都是受限的，承拖方对被拖物的检验不能代替或解除被拖方的适拖义务。

12. 第 12 条 许可和证书（Permits and Certification）

本条（a）款规定，被拖方有义务取得被拖物的所有许可和证书，包括起拖地、目的地和拖航沿途的挂靠港和可能的避难港所要求的所有文件。本条（b）款规定，对于被拖方未遵守（a）款使承拖方遭受的损失，或使拖航产生的延滞，被拖方应对承拖方予以补偿和赔偿。

13. 第 13 条 随船船员/被拖方人员（Riding Crew）

当被拖物是未配员的无自航能力驳船，或者拖船应当在被拖物上配备船员以监督和调整被拖物与拖船的连接或是否处于良好状态时，承拖方可能需要在被拖物上配备随船船员。另一方面，当被拖物是价值昂贵的钻井装置或水上设备时，被拖方也希望在被拖物上配备随船船员。在这些情况下应适用本条关于随船船员的规定。

14. 第 14 条 拖船的适航（Seaworthiness of the Tug）

本条规定了承拖方使拖船适航的义务，即谨慎处理提供适航拖船并使之在任何方面做好拖航准备。承拖方履行适航义务的标准同样是尽到合理谨慎即可，无须承担使拖船绝对适航的责任。

本条承拖方适航义务的内容比被拖方适拖义务简要得多，这主要是考虑作为船舶的拖船总是处于营运状态并配备适任船员，其适航性较容易保证；而被拖物则往往是失去控制或没有配备船员的船舶或特殊的水上装置，因而需要采取特别措施使之适合于被拖带。

关于本条适航义务的规定与承拖方责任条款的关系，在后文具体阐述。

15. 第 15 条 拖航索具和被拖物装备的使用（Towing Gear and Use of Tow's Gear）

本条（a）款规定，所有拖船上通常携带（normally carried on the tug）的索具归被拖方免费使用。但是，被拖方对拖船上的非通常的额外索具或设备的使用及费用承担须由双方另行协商。（b）款则规定，承拖方也可以免费使用被拖物上的索具及属具以在拖带服务中协助被拖物的操作和航行。（c）款规定，被拖方应承担拖船的灭失、损坏拖航索具和设备的更换费用，只要此种损坏不是由于承拖方的疏忽造成的。

16. 第 16 条 拖船的替换（Substitution of Tugs）

本条允许承拖方在起拖以前或拖航过程中用其他一艘拖船或多艘拖船

（替代拖船）替换合同约定的拖船,但应满足下列条件:(i)替代拖船有适合于合同拖带服务的马力;(ii)替代拖船的主要规范,包括船旗、总吨位、核定系柱拖力、指示马力。燃油消耗量、绞车和主要拖航索具等,须经过被拖方同意,但对此被拖方不得不合理拒绝。

本条还允许承拖方以订立分合同的方式使用他人所有的拖船进行拖航。无论是使用替代拖船还是他人拖船进行拖航,承拖方与被拖方之间的拖航合同关系不受影响,被拖方对于替代拖船的所有人或分包人不具有直接合同权利。

17. 第 17 条 必要的绕航或减速航行(Necessary Deviation or Slow Steaming)

本条是关于绕航的规定。在英国法下,广义上的绕航既包括船舶(在拖航情况下为拖船和其拖带的被拖物)偏离合同航次的通常和习惯的航线,也包括船舶未尽合理速遣完成的合同航次,如在拖航中减速航行或停止航行。①

与海上货物运输相比,海上拖航中的绕航较为普遍,在有些情况下也更为合理、必要。针对海上拖航的特点,本条特别规定了比海上货物运输合同更为宽松的承拖方的绕航自由。

本条包括三款,其中(a)(b)两款规定了合同允许的绕航,(c)款则规定了发生合同未允许的绕航时的法律后果。

(a)款规定与拖航有关或拖航所产生的合理绕航情况,具体包括:

(1)承拖方或拖船船长应合理考虑存在被拖物不适于被拖带,拖索需重新调整,需要对被拖物进行修理、改装或增加设备以保证其被安全拖至目的地,实际或预报的天气情况不宜采取其他行动或者由于承拖方或拖船船长不能控制的任何其他充分和适当的理由(包括战争、海盗以及传染病等),或者由于被拖方造成或要求的任何迟延等情况之一;对于这些情况是否存在,应由承拖方或拖船船长基于合理考虑作出决定。通常情况下,承拖方岸上工作人员和拖船船长自己应根据有关信息进行评估、判断,在此基础上共同作出决定,但本条也允许特殊情况下承拖方岸上人员或拖船船长根据具

---

① 我国《海商法》对于海上拖航的绕航未作直接规定,但第49条规定的海上货物运输合同中承运人不得不合理绕航义务可供参考,即承运人应当按照约定的、习惯的或者地理上的航线将货物运往卸货港。船舶在海上为救助或者企图救助人命或财产而发生的绕航或者其他合理绕航,不属于不合理绕航行为。

体情况单独作出决定。无论由谁作出决定,根据绕航当时知悉的情况,决定者对于上述情况的判断都应是合理的。

(2)存在承拖方无法控制的任何其他充分或适当的理由。

(3)存在被拖方所造成或所要求的迟延。

在上述(1)、(2)和(3)的任何一种情况下,承拖方有权进行绕航,即进入某港口或地点躲避、停滞或偏离合同计划航线。而且,对于因绕航延长的时间,承拖方有权按合同规定的延滞费率收取额外补偿。

(b)款类似于租船合同中的标准自由绕航条款,即承拖方可以为援救遇险船舶,救助其上的人命和财产、加油与送伤病船员上岸等自由绕航。绕航期间本合同仍应完全有效,包括由被拖方承担因此产生的有关港口费、引航费、港口/运河税费及其他类似性质的费用①。

在承拖方本身就是专业救助人的情况下,本款允许承拖方为单独救助遇险财产而自由绕航,这对其很重要且有利。当然,在此情况下承拖方应当将被拖物存放在安全地点,不能为实施救助或其他绕航而影响被拖物安全。而且,本款规定的一般绕航自由应作限制性解释,即此种绕航不能影响本合同的主要目的,即安全及时地将被拖物拖至目的地。

根据(c)款规定,不论任何原因和种类的合同未明示允许的绕航都不构成承拖方拒绝履行本合同的理由,即使发生,本合同仍应完全有效。

18. 第 18 条 拖船和被拖物冰冻条款(Ice Clause for Tug and Tow)

本条(a)款规定,在任何情况下拖船不得被要求破冰航行,但以承拖方事先同意为条件,在其他类似大小、船级和结构的船舶能够做到的情况下可以被合理要求跟随破冰船航行。

本条(b)款规定,拖船不得被要求进入任何封冻港口或地点,也没有义务停留在任何封冻的港口或地点或因封冻助航设施已经或将要被移走的港口或地点。该款强调一旦存在冰冻风险,拖船船长可以单独判断和决定是否开往或进入起拖地或目的地。如果拖船船长认为开往起拖地或目的地不安全,则他可以开往最近的不结冰港口或安全地点(通常比最近不结冰港口离原定目的地近得多)并在那里等待被拖方的指示。

本条(c)款和(d)款规定,由于冰冻引起的迟延、绕航和费用由被拖方承担,由此产生的附加保险费也由被拖方承担,而减少的保费则应由被拖方

---

① 参见 TOWCON 2021 第 9 条(b)款(i)项。

享有。

19. 第 19 条 救助（Salvage）

根据英国法，承拖方不能仅仅因拖航变得困难或被打断，如被拖物与拖船脱离，而免除其在合同下的拖航义务；相反，在拖航中，承拖方有尽最大努力保护被拖物安全的义务。在存在拖航合同的情况下，只有同时满足以下两个条件，承拖方才有权向被拖方请求救助报酬：

（1）在拖航中产生双方在订立合同时无法预见的情况导致被拖物处于危险中①；

（2）在此种情况下承拖方所承担的风险或履行的义务不属于拖航合同的合理范围②，或者此种情况要求承拖方对被拖物提供不同于拖航合同的服务因而被拖方应为此支付更高的费用③。

一方面，本条（a）款规定，当拖航中被拖物与拖船脱离时，承拖方应当采取一切合理措施重新解缆并继续拖航服务，而无权向被拖方索赔救助费用，即禁止承拖方在履行合同范围内的拖带服务时索赔救助费用，以达到尽量减少由拖航合同引起的救助索赔的目的；另一方面，本条（b）款也允许承拖方在提供了超出合同范围的服务的情况下可以有权索赔救助费用。而且，承拖方的救助报酬请求权不限于被拖物与拖船相脱离等妨碍拖航合同正常履行的情况，只要由于不可预见的情况使被拖物处于危险之中（即符合海难救助的危险要件）即可。④

关于拖航合同中的救助问题，我国海难救助法中也有相关规定，《海商

---

① 即"The tow（should be）in danger by reason of circumstances which could not reasonably have been contemplated by the parties"。

② 即"Risks are incurred or duties performed by the tug which could not reasonably be held to be within the scope of the contract"。THE HOMEWOOD，[1928]31 Lloyd's List Rep 336. W. Archie Bishop，*The Relationship Between the Tug and Tow in the United Kingdom*，70 Tul. L. Rev 507（1995）.

③ 即"Requiring from the tug services of a different class and therefore bearing a higher rate of payment"。

④ "In The Five Steel Barges（1890）15 PD 142，the judge stated 'it is not necessary，in order to become entitled to salvage，that the supervening danger should be of such a character as to actually put an end to the towage contract. It is sufficient if the services rendered are beyond what can be reasonably supposed to have been contemplated by the parties. It depends on the circumstances of each case whether or not the services are advanced in this way to a higher degree，so as to establish a right to salvage…"引自 Simon Rainey，*The Law of Tug and Tow and Offshore Contracts*，Informa Law，2017，p. 450. 又见 para. 8. 47 of *The Law of Tug and Tow and Offshore Contracts*，"it was made clear by the judge in The I. C. Potter that，in order to give rise to a salvage award，it was not necessary that the towage service for which the tug was engaged be interrupted but that it was necessary for the tow to be placed in danger by the new circumstances"。

法》第186条规定:"下列救助行为无权获得救助款项:(一)正常履行拖航合同或者其他服务合同的义务进行救助的,但是提供不属于履行上述义务的特殊劳务除外。"[①]本书认为,在拖航合同采用TOWCON 2021订立时,该合同第21条(a)款规定的"如果被拖物与拖船脱离,拖船须提供一切合理服务重新接缆,并完成本合同"应当属于《海商法》规定的"正常履行拖航合同的义务进行救助"或《救助公约》规定的"提供的服务被合理地认为未超出正常履行该合同的范围"的情况。

拖航合同下救助索赔的举证责任,应当由索赔人(承拖方)承担。承拖方应当证明:第一,被拖物处于危险之中而其对危险不应负责(危险不因承拖方未尽义务所引起);第二,其为被拖物提供了超出拖航合同约定范围的服务;第三,其尽最大努力避免了危险。[②]

另一方面,假如拖船在拖航中发生危险而被拖物对其实施救援,则被拖物应有权向拖船请求救助报酬,因为拖航合同中被拖物没有义务保证拖船的安全。[③]

另外,关于拖航向救助转化对拖航合同效力的影响问题,本条规定未作规定。

我国《海商法》第158条规定:"起拖前,因不可抗力或者其他不能归责于双方的原因致使合同不能履行的,双方均可以解除合同,并互相不负赔偿责任。除合同另有约定外,拖航费已经支付的,承拖方应当退还给被拖方。"第159条规定:"起拖后,因不可抗力或者其他不能归责于双方的原因致使合同不能继续履行的,双方均可以解除合同,并互相不负赔偿责任。"《民法典》第563条也规定:"有下列情形之一的,当事人可以解除合同:(一)因不可抗力致使不能实现合同目的;……"根据上述规定,当发生超出合同约定

[①] 《救助公约》第17条有类似规定,"No payment is due under the provisions of this Convention unless the services rendered exceed what can be reasonably considered as due performance of a contract entered into before the danger arose"。英国学者认为,《救助公约》该条规定没有影响英国法院救助和拖航判例中所遵循的法律原则和解释标准,而仅是将自明尼案(The Minnehaha)以来形成的英国判例法规则做了成文法规定。Simon Rainey, *The Law of Tug and Tow and Offshore Contracts*, Informa Law, 2017, p.441.

[②] Lord Kingsdown in *The Minnehaha* (at p.158), establish three essential elements: they must show that, the ship being in danger from no fault of theirs, they performed services which were not covered by their towage contract, and did all they could to prevent the danger. Simon Rainey, *The Law of Tug and Tow and Offshore Contracts*, Informa Law, 2017, p.448.

[③] Reynolds Leasing Corp. *v.* Tug Partice Mcallister, 572 F. Supp. 1131 (1983). John Reeder, *Brice on Maritime Law of Salvage*, Sweet and Maxwell, 2003, p.103.

范围的危险致使原合同不能继续履行时，当事人可行使合同解除权以终止拖航合同的履行。

当拖航过程中承拖方对被拖物的作业满足救助要件时，引发救助行为产生的危险或救助行为本身对拖航合同效力的具体影响，英国普通法对此态度并不明确。较早判例似乎表明，当引发救助的危险情况出现时，拖航合同关系终止，当事人之间产生了救助关系。[①] 目前的通说观点应当是，当发生拖航转化为救助的情况时，拖航合同可能但并不必然发生终止。一般情况则是，拖航合同暂时中止（suspension）、失效（vacation）或被代替（supersession）。几乎可以确定的是，发生那些不会永久性改变拖航合同所设想和预见的拖航状况的危险情况的，拖航合同的效力在这些情况发生期间终止，但合同实际上不会被取代或终止。因此，当这些情况结束时，拖航合同效力又重新恢复，承拖方在可能情况下有义务重新履行拖航合同义务。[②] 但是，如果由于危险的发生，危险情况结束之后按原约定收取拖航费并继续拖带对承拖方更加不利，则法院可能会认可被拖方有默示义务，为承拖方提供的额外服务支付额外的费用。[③] 另外，有英国学者认为，上文关于拖航合同"中止"（suspension）的观点是不足取的，更好的观点应当是在拖航合同履行过程中因发生危险而满足救助要件之时，拖航合同终止（end），此后，当事人可以通过明示约定恢复原拖航合同。但是在救助作业开始之后，如果没有当事人的明确约定，无论是根据救助合同关系还是救助法律规定，救助作业

---

① Lord Kingsdown stated in *The Minnehaha* that "··· if in the discharge of (the towage obligations), by sudden violence of wind or waves, or other accidents, the ship in tow is placed in danger, and the towing-vessel incurs risks and performs duties which were not within the scope of her original engagement ··· the towage contract is generally spoken of as superseded by the right to salvage···". Simon Rainey, *The Law of Tug and Tow and Offshore Contracts*, Informa Law, 2017, p. 449.

② In the leading case of *The Leon Blum*, Samuel Evans P stated that "The right conclusion to draw from the authorities, I think, is that where salvage services (which must be voluntary) supervene upon towage services (which are under contract) the two kinds of service cannot co-exist during the same space of time. There must be a moment when the towage service ceases and the salvage service begins; and, if the tug remains at her post of duty, there may come a moment when the special and unexpected danger is over, and then the salvage service would end, and the towage service would be resumed". Simon Rainey, *The Law of Tug and Tow and Offshore Contracts*, Informa Law, 2017, p. 450.

③ Such remuneration would be made either on the basis of *quantum meruit* or, perhaps, on a basis of quasi-contract or restitution by reason of the fact that the tow might otherwise be unjustly enriched to the detriment of the tug. Simon Rainey, *The Law of Tug and Tow and Offshore Contracts*, Informa Law, 2017, p. 450.

都不能当然地转化成为拖航作业。[①]

20. 第 20 条 被拖方的合同解除权（Termination by the Hirer）

本条规定，被拖方在支付合同约定的解除费用和到期应付的其他费用的情况下，有权在任何时候书面通知承拖方解除本合同。

21. 第 21 条 承拖方的合同解除权（Termination by the Tugowner）

本条规定了承拖方有权解除合同、撤回拖船并将被拖物留在被拖方可重新占有地点的 5 种情况，包括非承拖方造成的发生在起拖地的累计超过 7 天的迟延、非承拖方造成的发生在任何挂靠或避难港口或地点的超过累计 7 天的迟延、被拖方未按承拖方要求提供担保超过 7 个连续日、被拖方未在到达目的地后 7 个连续日内接受被拖物、被拖方未在有关费用到期后 7 个连续日内支付该费用。

承拖方在解除合同之前，应当提前 48 小时向被拖方发出将撤回拖船的通知。如果合同被解除，承拖方有权要求被拖方支付总承包价（但应扣除承拖方节省的费用）和其他应付费用。

通常理解，一个"连续日"（running day）是指从 0000 时起到 2400 时止的连续 24 小时期间。为避免争议，当事方可以在合同中增加"连续日"这一定义。

22. 第 22 条 责任与补偿（Liability and Indemnity）

实务中，本条规定又被称为"互撞免赔条款"（knock-for-knock clause），是以 TOWCON 和 TOWHIRE 为代表的海上拖航国际标准合同中关于承拖方与被拖方责任和损失分担的通用条款，是这 2 个标准合同的基础（cornerstone），反映了在拖航、海洋工程服务（如 SUPPLYTIME）等海洋服务合同中确定双方责任所普遍采用的"互撞免赔"原则（knock-for-knock principle）。[②]正如承担海上拖航以及海洋工程领域责任风险的船东互保协会所指出的，为克服海上风险及其不利后果，海洋工程行业制定发展了经受时间考验和

[①] Y. Baatz, *Maritime Law*, Informa Law, 2014, p. 263.

[②] "互撞免赔"原则由互撞免赔协议发展而来的，是由受损方（或其保险人）各自承担其自身的损失而不得要求其他人承担损失的一种损失承担原则。采用这一损失承担原则有利于减少因向他人索赔损失而产生的法律或其他费用。另一种观点认为，"互撞免赔"原则出现于第二次世界大战期间。当时盟军各国同意，在盟军各国船舶发生碰撞时，船舶碰撞损失由各国自行承担，而不论该损失是由哪一方的责任造成的。参见 S. C. Cavaleri, *The Validity of Knock-for-knock Clause in Comparative Perspective*, 25 European Review of Private Law, 2017.

具有明确性、稳定性的标准合同。特别是为了减少诉讼，这些标准合同采用了"互撞免赔"原则。根据该原则，合同当事方及其分包方各自承担事故所造成的本方人员和财产的损失，而不考虑是否存在其他人应当对损失承担责任。这一原则在某些情况下可能不够公平但其好处在于工程参与方很清楚各自的法律地位，而且在法律上行之有效。①

根据本条，承拖方和被拖方各自为本方的受雇人或代理人的受伤或死亡，以及设备的损坏或灭失承担责任②。

本条第（a）款（i）项规定，承拖方应就被拖方因承拖方人员人身伤亡而产生的责任向被拖方予以补偿。根据本合同第 1 条的定义，承拖方人员应包括拖船船员、承拖方派遣的随船船员、承拖方在拖船或被拖物上派遣的任何其他人员。

根据该款，承拖方负责补偿的人身伤亡应发生在根据本合同进行的拖航或其他服务期间内。但是，对于承拖方派遣并安置在被拖物上的随船船员或其他人员，承拖方的责任期适当延长，即从这些人员登上被拖物到他们最终离开为止，并应包括绕航时发生事故的情况等。本条第（a）款（ii）项与第（a）款（i）项相对应，就被拖方人员发生人身伤亡时，承拖方应获得的补偿作出规定。

本条（b）款就某些类型的灭失或损坏的责任作出规定。本款第（i）项规定，承拖方应对本款列出的损失或责任承担责任。应当注意，在本款第（i）项中，被拖方使用的拖船索具和辅助设备如有灭失、损坏或不能使用而承拖方无过错的，承拖方不承担责任。同时，本款第（ii）项就被拖方应承担的损失作出规定。另外，该项"无论是否因承拖方、其受雇人或代理人违反合同、疏忽或任何其他过错所产生"的措辞明确了承拖方使拖船适航义务与本条"互撞免赔"原则的关系，即本条的责任承担原则不受适航义务影响，即使

---

① Simon Rainey, *The Law of Tug and Tow and Offshore Contracts*, Informa Law, 2017, p.126.
② 但第 15 条（c）款规定的拖船上的任何拖航索具和辅助设备非由于承拖方疏忽的原因而灭失、损坏或无法使用的情况除外。

是拖船不适航造成的被拖物损失,仍然由被拖方承担。[①]

在一起英国案例中[②],法院判决尽管承拖方没有尽到合同义务谨慎处理提供适航拖船并尽最大努力进行拖带,但 TOWCON 第 18 条(TOWCON 2008 第 25 条)仍然免除承拖方对被拖方遭受损失的赔偿责任。

在中国平安财产保险股份有限公司上海分公司与交通运输部南海救助局等海上拖航合同纠纷案中,我国法院也作出过类似判决。

该案中,拖航协议书第 4 条责任与免责约定:(4)不论是否由于南海救助局、其工作人员或代理人、船长、船员的疏忽或任何过失而发生以下情况,均由北车公司单独承担责任,并对南海救助局、其工作人员或代理人、船长、船员无追索权:(a)无论任何原因造成的被拖物或被拖物上任何财物的灭失和损坏。(b)由于与被拖物接触或由于被拖物形成的障碍对他人财产造成的灭失和损害。(c)被拖物残骸清除、移位、照明或设标的费用以及清除被拖物造成污染的一切责任。对由于上述灭失和损害所引起对南海救助局裁定的对他人应负的任何责任或经过合理调解索赔,北车公司应给南海救助局以补偿。

最高人民法院支持了一审、二审法院的判决,认为根据《海商法》第 162

---

① 本款规定参考了 Smit *v.* Mobiusm [2001] CLC 1545 的判决结果。该案中,Morrison 法官认为,"The knock for knock agreement is crude but workable allocation of risk and responsibility; even where the tug or tow is wholly responsible for the accident liability depends entirely upon the happenstance of which of the two collided with the third party. Where damage is caused to an innocent third party during a tow it may often be difficult to ascertain whether the tug or tow or both were at fault. So far as the innocent third party is concerned, provided he receives full satisfaction, the identity of the tortfeasor is unimportant. But if there were disputes between tug and tow, with each blaming the other, absent the agreement there would be a risk that the third party would have to institute proceedings and await judgment before receiving compensation. Thus, an innocent third party himself receives benefit from this type of knock for knock agreement. Further, either the tug or the tow can deal with and settle the third party claim, as the indemnity provision will apply to ensure that as between tug and tow, the risk is borne by the appropriate party under either 18(2)(a) or 18(2)(b). The tug may deal with and settle a third party claim where the tow must bear responsibility and, vice versa. But the settlement must be reasonable… I am inclined to the view that the intention behind the standard form contract was not to permit seaworthiness arguments to intrude into the allocation of risk. To a limited extent, this conclusion is in accordance with the express wording of sub-clauses 1(a) and 2(b) where the draftsman has apportioned responsibility whether or not the same is due to breach of contract. This suggests that the apportionment regime was not posited upon the assumption that there was no breach of clause 12 or 13 as the case might be, but rather was regardless of whether those clauses were broken"。Simon Rainey, *The Law of Tug and Tow and Offshore Contracts*, Informa Law, 2017, p. 145-146.

② A Turtle Offshore SA Assuranceforeningen Gard-Gjensidig *v.* Superior Trading Inc [2009] 1, Lloyd's Rep 177.

条规定,当事人可以就拖航过程中遭受的损失自行约定赔偿责任,在拖航合同没有约定或者没有不同约定时,适用该条第1款规定的过失责任。"南海救115"轮在起拖前和起拖当时,持有有效拖航证书,且配备了相应的船员及拖航索具。案涉事故的发生主要归责于恶劣的气象、海况影响造成两次断缆,即使南海救助局在配备备用拖缆问题上存在过错,亦不是造成事故的主要原因。南海救助局对于案涉事故造成的损失不存在故意或重大过失,南海救助局与北车公司签订的拖航协议书中约定的上述免除承拖方过错责任的免责条款有效,南海救助局无须对"泰鑫1"轮触礁搁浅事故造成的损失承担赔偿责任。①

在另一起案例②中,海龙公司与天津众合泰富船务有限公司(以下简称"众合公司")于2015年11月26日签订了拖航合同,约定海龙公司委托众合公司承担"海龙浚1号"轮的拖航任务。在拖航合同履行期间,众合公司通过与开行公司签订航次租船合同租赁"大跃"轮用于拖航合同的履行,开行公司对"海龙浚1号"轮实际进行了拖带。双方同意就"海龙浚1号"轮在拖航过程中发生的事故及应对措施由两公司协商决定。拖航过程中,因大风浪,"海龙浚1号"轮大量进水沉没,燃油泄漏,海龙公司支付清污费用约175万元,中国太平洋财产保险股份有限公司东莞分公司作为海龙公司船舶污染责任保险人赔偿后向二被告提起侵权之诉。

该案中,拖航合同的免责条款约定:"七、双方责任:……(三)双方由于己方的人员或财产造成第三方的人身、财产的损失均应各自负责,责任方应保证对方不受追索与任何的牵连和损害。二被告认为,清污、防污的目的是防止油污造成渔业养殖户或其他第三人的海洋利益受损,本质上属于第三人的财产性损失,且该项损失是因恶劣天气及"海龙浚1号"轮的船员操作失误导致,与众合公司、开行公司无关,可适用拖航合同第7条第(3)项的免责条款。

一审法院认为,"第三方的人身、财产的损失"指的是直接对第三人造成的损失,而清污、防污产生的费用并不属于直接对第三人造成的损失。根据

---

① 一审案号:(2017)粤72民初1027号;二审案号:(2019)粤民终1289号;再审案号:(2021)最高法民申4114号。

② 中国太平洋财产保险股份有限公司东莞分公司诉天津众合泰富船务有限公司等海上、通海水域财产损害责任纠纷案,大连海事法院民事判决书(2017)辽72民初10号。中国太平洋财产保险股份有限公司东莞分公司诉天津众合泰富船务有限公司等海上、通海水域财产损害责任纠纷案,辽宁省高级人民法院民事判决书(2018)辽民终61号。

《中华人民共和国船舶污染海洋环境应急防备和应急处置管理规定》第22条的规定,船舶发生污染事故或者可能造成海洋环境污染的,船舶及有关作业单位应当立即启动相应的应急预案,通知签订船舶污染清除协议的船舶污染清除单位,并根据应急预案采取污染控制和清除措施。"海龙浚1号"轮沉没后,海龙公司委托盛洋公司进行清污、防污是海龙公司履行法定义务的具体体现,产生的相关费用不应归属于"第三方的人身、财产的损失"。二审法院认为,根据拖航合同的约定,免责条款适用于特定情形,而涉案事故的发生既不属于不可抗力,也不属于合同约定的由于己方人员或财产给第三方造成损失的情况,原审对免责条款的理解无不当之处。因此,二被告应当对清污费用承担赔偿责任。

本条(c)款规定的是其他种类的经济损失的责任。根据本款,承拖方和被拖方对于各自遭受的任何财产使用损失或服务费用损失(loss of use)以及任何种类的相应损失(consequential loss or damage)或间接损失互相不负赔偿责任,但第15条(c)款除外[1]。

经济性损失主要包括两类:一类是利润损失、丧失使用损失以及生产损失等财产使用损失,另一类是相应损失或间接损失。其中,第一类经济性损失的范畴与内涵从其字面意思便可简单得知,而"相应损失"的具体含义则需要进一步的探讨和研究。

有学者认为,相应损失包括海上拖航过程中发生的人身伤亡或财产损失所进一步导致的营运中断损失(business interruption loss)。[2] 就相继损失的判断标准,英国判例法确立了"相继等同于间接"的规则。相继损失的概念在1935年的米拉机器公司诉戴维公司"(Millar's Machinery Co. v. David Way & Son)"案中首次出现。在该案中,莫汉姆(Maugham)法官认为,"相应"意指非直接。[3] 在1999年的BHP案中,瑞克斯(Rix)法官认为,相应损失是根据对正常业务之外的特殊因素的了解而能够预见到的损失。[4] 本书认为,相应损失是指承拖双方在订立海上拖航合同时能够合理预见的,有可

---

[1]　即被拖方对非由于承拖方疏忽所致的拖航索具和辅助设备损坏应予以赔偿。

[2]　Robert Gay, *Excluding Consequential Damages*, Informa Law from Routledge, 2014, p. 48.

[3]　"On the question of damages, the word 'consequential' had come to mean 'not direct'." See Millar's Machinery Co. v. David Way & Son [1935] 40 Com Cas 204.

[4]　"···that the words 'indirect or consequential' ··· are concerned with losses which would only be contemplated with the input of knowledge of special circumstances outside the ordinary course of things." See BHP Petroleum Ltd. v. British Steel plc and Dalmine SpA [1999] 2 Lloyd's Rep 583.

能发生的人身伤亡或财产损失所间接导致的当事方的业务经营损失。

本条(d)款规定,即使本合同另有任何相反的规定,承拖双方均有权享有根据任何准据法其具有的法定权利以及责任限制的权利。

23. 第23条 保险

本条是关于保险的规定。根据第22条责任与补偿条款,承拖方和被拖方因本合同所遭受的损失应由受损方自行承担,而不能要求对方承担赔偿责任。在此种损失承担方式下,保险成为各方当事人规避风险和避免损失的重要手段,为了更好地维护和保障当事人的利益,TOWCON 2021新增加了本条规定。

24. 第24条 留置权

留置权,是指债务人不履行到期债务,债权人可以留置已经合法占有的债务人的动产,并有权就该动产优先受偿的权利。[①]根据本条,承拖方有权留置被拖物以迫使被拖方支付承拖方根据本合同应得的任何款项。如果被拖方仍不支付,承拖方有权通过申请法院拍卖被拖物等方式从拍卖价款中优先受偿其应得的款项。对于承拖方的留置权,我国《海商法》第161条也规定:"被拖方未按照约定支付拖航费和其他合理费用的,承拖方对被拖物有留置权。"

在承拖方行使留置权的情况下,本条进一步规定:(1)被拖方必须承担因行使留置权而产生的任何费用;而且(2)被拖方应当对行使留置权造成的拖船延滞按照合同约定的费率支付延滞费。

25. 第25条 喜马拉雅条款

喜马拉雅条款是一类广泛使用的标准条款,是海上货物运输合同(提单)、租船合同乃至海上拖航合同中规定的承运人、出租人或承拖方等(相当于船方地位)的受雇人或代理人包括独立合同人[②],可以享受法律赋予承运人、出租人或承拖方的免责、责任限制、豁免及抗辩等权利的条款。喜马拉雅条款通常规定,由于承运人等的受雇人、代理人的疏忽或过失直接或间

---

① 参见《民法典》第447条。

② 受雇人可以理解为受雇主委托并在雇主的管理与指挥之下为雇主工作的人;代理人可以理解为根据委托人(被代理人)的授权为委托人的利益独立与第三人实施法律行为的人;独立合同人可以理解为按委托人要求承担某种工作并达到约定的结果,但在实际完成此项工作时能够发挥自身能动性,而不受委托人指令和控制的人。参见徐海燕:《英美代理法研究》,法律出版社2000年版,第30-31页。

接引起货物的损害、灭失或迟延,合同中适用于承运人等的免责、责任限制、豁免及抗辩等权利,扩展适用于承运人等的任何受雇人或代理人。

本条将传统意义上的喜马拉雅条款进一步扩展适用于被拖方(类似于货方地位,但并不相同)的受雇人、代理人包括独立合同人等人员。根据本条,承拖方和被拖方被视为上述(a)款所列人员的代理人或受托人,使这些人与承拖方和被拖方一样可以享有合同约定和有关法律规定的免责、责任限制等权利,有利于规定的保护。

26. 第 26 条至第 31 条

TOWCON 2021 第 2 部分第 26 条、第 27 条和第 28 条分别是战争风险条款、海盗条款以及感染或传染疾病条款(Infectious or Contagious Diseases Clause)。在结构上,该 3 条都对战争、海盗以及疾病等相关概念作出了定义,同时明确规定了相关战争、海盗或传染疾病风险是否存在应以承拖方和/或拖船船长的合理判断为依据,有利于增强可操作性并减少纠纷。

在性质上,这 3 个条款对于传统意义上的非自然因素的不可抗力(如战争风险)或不能归责于双方的原因①,致使合同不能或不能完全履行的各种具体情况下承拖方和被拖方的权利义务作出了较为全面完整的规定。除合同另有约定外,对于上述原因导致合同不能履行所产生的损失,双方依法均不应承担违约责任或损害赔偿责任。对此,我国《海商法》第 158 条至第 160 条分别作出了类似的规定。但是,对于在上述原因情况下所发生的额外费用或损失风险的承担,相关法条未能作具体规定,而 TOWCON 2021 的 3 个关于风险和费用承担方式规定的标准条款,可以作为法律的补充供当事人根据实际需要选择使用。

需要注意,这 3 条所规定的战争、海盗以及传染疾病均不属于海上拖航正常履行过程中的正常风险,因此这些情况下当事人对于费用或风险的责任承担应当适用各自情况下的特别约定,而不应适用第 22 条责任与补偿条款的规定。例如,在海上拖航正常履行过程中,根据 TOWCON 2021 第 22 条(b)款,对于拖船遭受的损失应由承拖方自行承担而不能要求被拖方赔偿;根据第 22 条(c)款,当事人产生的额外保险费用(increased cost of insurance)也应由当事人自行承担,而不能要求对方赔偿(neither party shall be liable to the other)。但是,根据第 28 条(e)款(iii)项,对于拖船前往传染病感

---

① 如海盗、传染疾病或疫情及"非正常的特殊原因"。

染地区产生的损失,被拖方应当对承拖方予以赔偿;根据第 26 条(g)款,对于拖船前往战争风险地区所支付的额外保险费,被拖方也应当赔偿给承拖方。

TOWCON 2021 第 29 条为反贿赂条款(Anti-Corruption Clause),第 30 条为制裁条款(Sanctions Clause)以及第 31 条为财务担保条款(Financial Security),限于篇幅,本书不作详述。

27. 第 32 条 授权保证

本条规定,如果被拖方不是被拖物所有人,则被拖方保证已经取得被拖物所有人授权,代表被拖物所有人订立本合同,并保证与该所有人连带承担本合同规定的被拖方的义务和责任。

但是,根据合同法和代理法的一般原则,如果事实上被拖方未取得被拖物所有人授权或被拖物所有人未同意受本合同约束,则仅根据本条,承拖方无权主张被拖物所有人是本合同当事人以及根据本合同履行义务和承担责任。因此,尽管有本条规定,除非承拖方能够证明:(1)被拖方已经取得被拖物所有人的实际授权;或者(2)承拖方相信被拖方具有被拖物所有人的表面授权,[①]则本合同当事人是被拖方,而不是被拖物所有人。

在"卢克石油公司诉塔塔公司和环球海运公司(Lukoil Kaliningrad-morneft plc. v. Tata Ltd and Global Marine Inc.)"案[②]中,卢克石油公司(以下简称卢克公司,承拖方)与环球海运公司(以下简称环球公司,被拖方)以TOWCON 格式签订拖航合同,约定将两条船舶(被拖物)由加拿大拖运到印度。合同中确定塔塔公司为两条船舶的所有人。因被拖方未支付第二笔拖航费,卢克公司主张对被拖物行使留置权。卢克公司声称环球公司具有塔塔公司的实际或表面授权,根据 TOWCON 的上述条款有权代表后者订立本合同。法院认为,虽然塔塔公司没有与卢克公司直接签订合同,而是与环球公司订立合同,但本案中环球公司并不是拖带公司,并且塔塔公司同意卢克公司安排拖带公司进行拖航,也没有限制环球公司让拖带公司了解自己是被拖船的所有人,这些事实可以使拖带公司(即卢克公司)相信环球公司有权代表塔塔公司订立 TOWCON 合同,故根据本条,塔塔公司应当受合同中留置权条款的约束。

---

① 参见《民法典》第 172 条关于表见代理的规定。

② [1991] 1 Lloyd's Rep 367.

在我国的一起案例①中,澄西公司与统宝公司于 2007 年 9 月 21 日签订拖航合同。为履行该合同,统宝公司又与广州打捞局签订区段拖航合同。在区段拖航过程中,被拖船发生事故受损。一审法院认为:广州打捞局是区段的实际承拖方,与澄西公司构成事实上的拖航合同关系,对于此次事故应与统宝公司承担连带责任。二审法院则认为:本案存在两份各自独立的书面海上拖航合同。第一份系澄西公司与统宝公司订立,第二份由统宝公司与广州打捞局订立。澄西公司与广州打捞局未订立海上拖航合同。广州打捞局实施拖航行为系履行其与统宝公司之间的合同义务,未接收过澄西公司的任何指示,未从澄西公司处获得拖航费。澄西公司亦从未向广州打捞局支付拖航费,故两者事实上的拖航合同关系并不成立。

28. 第 33 条至第 37 条

除上述条款以外,TOWCON 2021 第 2 部分标准条款第 33 条至第 37 条主要为诉讼时效条款、《国际船舶和港口设施保安规则》(International Ship and Port Facility Security Code, ISPS Code)和美国《海上运输安全法》(MT-SA)条款、法律适用与争议解决条款、条款之间的关系即一般规定以及通知条款,简要介绍如下:

第 33 条为对诉讼时效(Time for Suit)的规定。本条规定,除本合同第 22 条(责任与补偿)关于赔偿的规定外,因本合同产生或与之有关的任何索赔或根据本合同履行的任何拖带或其他服务所引起的索赔,应在被拖物交付后或者不论任何原因所致的拖带或其他服务终止后的 6 个月内向对方作出通知,且任何诉讼应在其诉因首次产生后一年内提起。如果上述任何一个条件未得以满足,则有关索赔与任何种类和原因的权利均应超过时效并消灭。

第 34 条为《国际船舶和港口设施保安规则》和美国《海上运输安全法》条款(BIMCO ISPS/MTSA Clause 2005)。本条共包括 5 款。(a)款规定,承拖方应当遵守《国际船舶和港口设施保安规则》②的要求。如果拖船前往、来自美国或经过美国水域,承拖方也应当遵守美国《海上运输安全法》(MT-SA)中与船舶和船舶所有人有关的规定。经要求,承拖方应当向被拖方提

① 司玉琢、张永坚、蒋跃川:《中国海商法注释》,北京大学出版社 2019 年版,第 248 页。
② 该规则作为经修订的《1974 年国际海上人命安全公约》第 11 章修正案的一部分,已经于 2004 年 7 月 1 日生效。由于我国是《1974 年国际海上人命安全公约》的缔约国,该规则对我国具有约束力。

供相应的国际船舶保安证书（International Ship Security Certificate）或临时船舶保安证书的副本以及公司安全官（Company Security Officer）的具体联系方式。由于承拖方或船舶所有人未能遵守 ISPS Code 或 MTSA 所产生的除相继损失、费用或迟延之外的任何损失、费用或迟延，应由承拖方承担（本合同另有约定的除外）。（b）款规定，被拖方应当向承拖方和拖船船长提供其具体联系方式，并且如经要求，还应提供承拖方遵守 ISPS Code 或 MTSA 需要的任何其他信息。由于被拖方未遵守本款所产生的除相继损失、费用或迟延之外的任何损失、费用或迟延，应由被拖方承担（本合同另有约定的除外）；对于被拖方未遵守本款产生的任何迟延，承拖方应按本合同约定的费率向承拖方支付延滞费。（c）款规定，如果非由于承拖方未遵守其根据 ISPS Code 或 MTSA 应尽的义务而产生迟延，即使本合同另有相反约定，船舶应有权递交准备就绪通知书，即使根据适用的保安规则或由于港口及其他当局根据 ISPS Code 或 MTSA 采取的措施船舶尚未准备就绪。而且，对于因港口或其他当局根据 ISPS Code 或 MTSA 采取的措施而产生的任何迟延，被拖方应当按合同约定的延滞费率支付延滞费，除非这种措施完全是因为承拖方、拖船船长或船员的疏忽，或者拖船此前从事的运输、拖船船员的国籍或承拖方经理人的身份而采取的。（d）款规定，即使本合同另有相反约定，对于完全因港口或其他当局根据 ISPS Code 或 MTSA 采取的措施而产生或有关的任何费用都应由被拖方承担，除非此种费用完全是因为承拖方、拖船船长或船员的疏忽，或者拖船此前从事的运输、拖船船员的国籍或承拖方经理人的身份而产生的。承拖方遵守船舶安全计划（Ship Security Plan）需要采取的任何措施产生的费用，应由承拖方承担。（e）款规定，如果任何一方支付了根据本条应由另一方承担的费用，另一方应向该方予以补偿。

第 35 条是法律适用与争议解决条款（BIMCO Law and Arbitration Clause 2020），对于合同所适用的法律及其争议解决方式（如仲裁）分别规定了若干不同情形，供当事人参考和选择。关于争议解决条款，如果我国公司作为一方当事人采用 TOWCON 格式订立拖航合同，可以争取约定对于有关争议中国法院具有管辖权并适用中国法律解决。例如，"本合同应适用《中华人民共和国海商法》及其他相关中国法律。由本合同产生或与本合同有关的或者根据本合同履行的服务所引起的任何争议或分歧，均应由中国××海事法院管辖"。

第 36 条是一般规定（General）。根据本条，如果本合同的任何条款或这些条款的任何部分不论何种原因被认定为无效,此种无效不得影响其余条款、条件或规定的效力,这些其余条款仍应保持完全有效。

第 37 条是通知条款(BIMCO Notices Clause)。本条(a)款规定,一方当事人或其代理人根据本合同规定向另一方当事人或其代理人发出的全部通知均应为书面通知;(b)款规定,本合同所称的"书面"是指任何可读的通信方式。通知可以通过任何有效手段发出,包括但不限于电报、电传、传真、电子邮件、挂号或登记信件或者亲手送交。

二、TOWHIRE 2021

TOWHIRE 2021 同样由第 1 部分(含附加条款)、第 2 部分和 3 个附件组成。第 1 部分表格有 40 个空白栏目,相关内容应由双方协商,并将协商一致的内容完整无误地填写在各栏目中。第 1 部分是双方约定的合同事项及细节,是第 2 部分适用的基础和依据。第 1 部分最后规定,承拖方和被拖方同意按照由第 1 部分(含附加条款)、第 2 部分和附件共同组成的本合同条款达成协议,当第 1 部分及其附加条款与第 2 部分和附件发生冲突时,第 1 部分及其附加条款仅在冲突的范围内优先适用于第 2 部分和附件。第 1 部分文本的最后分别留出 2 个位置,供承拖方和被拖方代表签字。第 2 部分则由 37 条标准条款组成。3 个附件分别是附件 A 拖船船舶说明(Tug Specification)、附件 B 被拖物说明(Tow Specification)以及附件 C 拖带索具清单(Inventory of Towing Gear)。

除形式外,TOWHIRE 和 TOWCON 的主要内容基本相同。二者最大的区别是拖航费的支付方式不同。具体来说,按照 TOWHIRE,被拖方应当按约定的日租金率和实际拖航时间支付拖航费,而 TOWCON 则是按照事先约定的总承包价支付拖航费,实际拖航时间长短对拖航费金额没有直接影响。

而且,TOWHIRE 2021 没有免费时间/延滞费条款和通过运河/限制性水域条款,主要是因为 TOWHIRE 是被拖方按实际使用时间向承拖方支付租金,即使实际拖航时间因延滞或通过运河/限制性水域而比通常拖航时间长,承拖方也仅需支付租金而无须再支付延滞费。

值得注意的是,TOWHIRE 2021 第 3 条价格和支付条件、第 4 条燃油、第 6 条接拖地/起拖地、第 12 条许可和证书、第 17 条必要的绕航、第 21 条承拖方解除合同、第 24 条留置权以及第 26 条战争风险条款在内容上与

TOWCON 2021 相应条款有所区别，以下就部分条款阐述之。

根据 TOWHIRE 2021 第 3 条，被拖方应当按照合同约定的拖船日租费率，按照约定的方式向承拖方支付租金以及约定的调遣费（mobilisation charge）和遣返费（demobilisation charge）。其中调遣费的约定［（c）款］和遣返费的约定［（e）款］属选择性条款，只有在承拖方和被拖方对此作出约定后方为有效，否则该两款对双方无约束力。该条关于租金的支付规定如下：

（1）被拖方应当在合同规定的租期内按约定的日租费率支付租金，不足 1 日的，按比例支付。

（2）被拖方应当按照约定的方式和期间提前支付租金，不得作任何扣减，不得从中扣除与支付有关的银行或其他费用，被拖方不得对租金进行抵销、留置、索赔或者反索赔。承拖方以日为单位挣得租金，已经挣得的租金不可撤回并且不予退还。

（3）在拖船灭失的情况下，租金应自灭失之时起停止支付。

（4）在被拖物部分灭失的情况下，租金仍应继续支付直至拖船到达还船港。在被拖物灭失的情况下，租金仍应继续支付直至拖船到达还船港或者承拖方选择的较近的港口或地点。

（5）在本合同拖航服务（services）终止后 7 日内，承拖方应当对已挣得的租金和提前支付的租金予以调整，并且在被拖方收到承拖方调整租金通知的 7 日内，将被拖方多付的部分返还给被拖方。

在当事人选择按照 TOWHIRE 2021 标准合同订立拖航合同时，拖船所消耗的燃油费用可能包含或者不包含在合同约定的拖船日租费率中，因此当事人需要对此作出明确约定。

根据 TOWHIRE 2021 第 4 条，如果日租费率不包含燃油费用，被拖方应当按照约定的价格向承拖方支付拖船为履行本合同所消耗的燃油和润滑油费用。该条还对燃油质量及其检验方法进行了规定；与 TOWCON 2021 不同，该条没有关于燃油价格调整的相关规定。

TOWHIRE 2021 第 6 条（接拖地/起拖地）没有 TOWCON 2021 中相应条款（第 3 条）关于通知的复杂规定，原因为 TOWHIRE 下租金按日租费率计算支付，即使在不能及时起拖的情况下，被拖方仍需支付租金而承拖方不会因此遭受损失，故没有必要对被拖方发出起拖通知的时间作出特别规定。

根据 TOWHIRE 2021 第 12 条（许可和证书），在被拖方未遵守本条提供相关证书而造成拖航延误期间，被拖方仍然应向承拖方按合同约定支付租金(during any delay caused thereby the tug shall remain on hire)，即由被拖方承担由此产生的时间损失。同时，对于承拖方未遵守本条而使被拖方遭受的任何损失或支出的任何费用，也应由承拖方向被拖方予以补偿。

TOWHIRE 2021 第 17 条(必要的绕航)与 TOWCON 2021 第 17 条的主要区别在于：

(1)本条(b)款在规定"拖船可自由地为救助人命或财产随时赴援遇难船舶，或者为加油、修理、补充供应品或任何其他必需品，或送伤病船员上岸而随时挂靠任何港口或地点。但如正在拖航，拖船应先将被拖物留在安全地点，在此期间本合同仍保持完全有效"之后，接着规定，拖船为进行或试图进行上述活动期间，承拖方无权要求被拖方按拖船日租费率支付租金，但为正常补充燃油、淡水或供应品而绕航期间除外。

(2)本条(c)款在规定"拖船或承拖方所进行的本合同条款未明示允许的任何绕航，不论是何种原因或种类，均不构成拒绝履行本合同，虽有此种绕航本合同仍保持完全有效"之后，接着规定，在此绕航期间不应支付租金，而且被拖方可能对承拖方享有的任何其他救济权利不受影响。

根据 TOWHIRE 2021 第 21 条，在承拖方因发生本条所约定的五种情况之一而解除合同的情况下，承拖方可以选择要求被拖方支付解除合同的费用(termination fee)，也可以要求被拖方支付租金、调遣费、遣返费、燃油和润滑油费这些合同约定费用，二者以高者为准。此外，被拖方还应向承拖方支付根据合同应付的其他费用。

TOWHIRE 2021 第 24 条(留置权)与 TOWCON 2021 相应条款内容基本相同。所不同的是，在因行使留置权而产生的合理延误期间，承拖方有权按拖船日租费率计算被拖方所应支付的延误期间产生的费用。

第四章
海洋工程服务国际标准合同

第一节 概述

常见的海洋工程(简称海工)服务标准合同主要涉及近海供应船期租合同、重大件货物运输租船合同等。

对于这些合同,BIMCO 都组织制定并推荐使用了相应的标准合同,其中最新版本的海工服务船舶统一定期租船合同编号为 SUPPLYTIME 2017,最新版本的 BIMCO 重大件货物运输租船标准合同编号为 HEAVYCON 2007。

第二节 海工服务船舶统一定期租船合同

一、历史发展

20 世纪 70 年代,随着海上石油、天然气等资源开发利用的兴起,以及与之相关的近海服务活动的蓬勃发展,全球各地区对海上供应船和其他近海服务船的需求与日俱增。由于此类服务船大多由大型拖船公司提供,最初相关租船合同主要以拖船公司的内部格式文本为基础制定,或者是在现有期租标准合同的基础上加以修改拟订。但是,近海服务需求的不断增加使得为近海服务船舶的租用单独制定标准合同变得必要。作为重要的国际航运组织,BIMCO 根据相关行业人士的要求于 1975 年首次制定了 SUPPLY-TIME 标准合同。随着近海海洋开发活动日益复杂,由船舶提供的服务范围也大为增加,为适应这些变化和实际需要,BIMCO 先后于 1989 年、2005 年和 2017 年对 SUPPLYTIME 做了三次修改,目前使用的版本为 SUPPLYTIME 2017。

二、特征和结构

(一)SUPPLYTIME 是一种特殊定期租船合同

SUPPLYTIME 2017 全称为"海工服务船舶统一定期租船合同"(Uniform Time Charterparty for Offshore Service Vessels)。定期租船合同,是指船舶出租人①向承租人提供约定的由出租人配备船员的船舶,由承租人在约定的期间内按照约定的用途使用,并支付租金的合同。② 在签订 SUPPLYTIME 的情况下,承租人可以在租期内按照约定的一种或多种用途使用出租人提供的拖船或近海供应船,进行近海工程或其他海洋开发利用活动,并向出租人支付租金。

(二)SUPPLYTIME 的结构

形式上,SUPPLYTIME 2017 由第 1 部分、第 2 部分、附件 A 和附件 B 组成。

第 1 部分为表格,一共有 34 个空白栏,当事人在其中填写双方商定的相应内容。

第 2 部分首先分别规定了本合同使用的关联实体(affiliates)、承租人(charterers)、承租方成员(charterers' group)、出租人(owners)、出租方成员(owners' group)、船舶(vessel)、近海设施(offshore units)、船员(crew)和受雇人(employee)等用语的定义。该部分一共有 42 个条款,多数类似于定期租船合同标准合同的内容,但也有反映海工服务船舶出租人和承租人之间

---

① 船舶出租人在 SUPPLYTIME 中简称出租人,该人可能是所出租船舶的所有人,也可能不是所有人,而仅是该船舶的承租人。

② 参见我国《海商法》第 129 条。

特殊权利义务关系的内容,比如规定出租人和承租人对各自所遭受的损失相互免除责任。

附件A"船舶说明"(vessel specification)包括船舶一般情况(general)、尺度(dimensions)、载货容积(dedicated cargo capacities)、货物主甲板(main cargo deck)、动力设备(propulsion)、装卸设备(cranes)、拖带和锚操作设备(towing and anchor handling)、通导设备(communications)、动力定位(dynamic positioning)、居住舱室(accommodation)、守护和灭火(standby and firefighting)以及其他事项(additional)等,以表格形式要求对合同约定船舶的有关细节和特点作详细说明。一经填写完成,附件A就成为所租船舶工况、性能和特点的全面完整的声明,供承租人准确判断能否满足其服务要求。

附件B"保险"(insurance)规定了出租人根据合同第17条应当取得并在租期内保持有效的保险安排。这些保险安排包括通常的船舶保险(marine hull insurance)、保赔保险/海上责任保险(protection and indemnity/marine liability insurance)、海上责任保险所不承担的第三者责任综合险(general third party liability insurance)、海上责任保险所不承担的工伤保险和雇主责任保险(workmen's compensation and employer's liability insurance for employees)以及双方约定的其他保险等。

关于SUPPLYTIME 2017各部分之间的关系,第1部分最后规定,当各部分内容产生冲突时,则第1部分(包括约定的附加条款)应仅在冲突的范围内优先适用。

三、主要内容

本部分讨论SUPPLYTIME 2017重要标准条款的主要内容及其法律和实践意义。

1. 第1条 租期(Charter Period)

(a)款规定,出租人同意按照约定的租期出租且承租人同意租入合同约定的船舶,租期从船舶被交付给承租人时起算。(b)款规定,承租人有权选择按照合同约定的期间延长租期,但承租人行使选择权时应按照约定提前通知出租人。(c)款规定,如果航次或油井工程在租期届满时未完成,租期应当自动延长以完成航次或油井工程,但延长时间不得超过约定的最长期间。而且,承租人在指示船舶开始最后航次或油井工程之前应当合理预计其在租期内能够完成该指示并在约定地点还船。

2. 第 2 条 交船和还船(Delivery and Redelivery)

本条内容与一般定期租船标准合同的相应条款基本上相同。特殊之处在于,在 SUPPLYTIME 订立之时,本合同约定租用的大型拖船或海工服务船舶往往可能处于休航(lay-up)①或备用状态(standby),船上只有极少的船员和设备。为调动休航或备用的拖船需产生相应费用,故本条规定承租人应当一次性向出租人支付约定的调遣费。同样,本条规定在合同服务完成时,承租人应当一次性向出租人支付约定的遣返费。SUPPLYTIME 关于调遣费和遣返费的规定类似于海上拖航标准合同的相关条款。

3. 第 3 条 船舶状况(Condition of Vessel)

由于实际中使用 SUPPLYTIME 格式的情况多种多样,目的各不相同,故本条仅对船舶在交船时和租期内应符合的状况作出笼统规定,即处于完全有效状态以及适于完成合同约定的服务。在具体情况下,如果承租人对于船舶状况(如船舱状况)有特殊标准或要求,建议通过附加条款或在附件 A 中对此作明确约定,以避免不必要的争议。

4. 第 4 条 结构改装和额外设备 (Structural Alterations and Additional Equipment)

本条规定,承租人有权选择自负费用改装船舶结构或安装额外设备,但应取得出租人的书面同意,对此出租人不得不合理拒绝。除非出租人同意,否则承租人应当自负费用恢复原状以及将额外设备移除后按照交船时的状态还船(但自然损耗除外)。在承租人进行改装或恢复原状期间,租金应照常支付。此种改装或额外设备的修理和保养应始终由承租人负责。但是,为了维持必要的船舶安全和有效履行合同,经通知承租人后,出租人也可以进行此种修理和保养,但相应费用由承租人承担。

5. 第 5 条 检验(Survey)

本条规定,出租人和承租人应当共同指定独立检验人以检验并书面确定交船和还船时合同附件中列明的油水和其他物料的质量和数量,以及货舱的清洁程度和状况。出租人和承租人应当共同承担此种检验的时间和费用。

---

① 即为了节省成本而将船舶长期搁置不用。

本条还规定,在交船前和租期内,在不影响船舶作业或不产生船舶延误的情况下,经出租人同意(无合理理由,出租人不得拒绝),承租人有权委托检验人(auditor)对船舶进行评估或检验。出租人应当为此种评估或检验提供条件,船员应予以配合。任何评估或检验费用均由承租人承担。承租人应当将评估或检验结果提供给出租人,并允许其在合理时间内提出意见。承租人可以将相关结果录入海洋工程服务领域的石油公司国际海事论坛离岸船只检验数据库(OVID)、国际海洋承包商协会通用船舶检验文件(CMID)或类似系统中。

6. 第 6 条 使用和作业区域(Employment and Area of Operation)

(a)船舶应当被用于根据船舶和/或登记国法律以及经营地法律属于合法的海洋工程作业。船舶使用应限于合同约定的范围,并且船舶应在约定的经营区域内的安全港口或地点与船舶能始终安全漂浮的任何地点或近海设施(offshore units)①之间航行。承租人不保证此种港口、地点或近海设施的安全,但应考虑船舶性能和使用性质谨慎地向船舶发出前往此种地点的航行指示。

根据本款,承租人使用船舶从事的海洋工程活动应同时符合以下要求:(1)根据船旗国法律和作业地法律,这些活动必须是合法的。(2)这些活动限于合同约定的范围之内。合同约定的范围按照本合同第 1 部分第 17 栏船舶使用限制中填写的内容确定。相关合同约定范围可能是具体的,如"将钻头运输到 A 钻井"(transportation of drilling bits to Rig A),也可能是概括的,如"为钻井平台施工现场运输供应品和提供协助"(attendance upon drilling platform to provide supply and assistance services)。合同约定范围越概括,越容易产生某一具体服务是否属于约定范围的争议。但是,为增加其使用船舶的范围和情况,承租人往往希望对合同约定范围作概括规定,而出租人则可能倾向于作具体规定。合同约定范围的大小通常取决于双方的订约实力(bargaining power),也会受到其他条款的影响。(3)承租人必须在安全港口或地点与船舶能始终保持安全漂浮的任何地点或近海设施之间使用船舶。但承租人仅应谨慎处理(好像船舶是自己的财产并考虑船舶性能和使用性质)确保船舶在安全地点之间使用,而不保证这些地点绝对安全。

---

① 根据合同定义,"近海设施"是指用于近海勘探开发、生产、铺管、修理的任何船舶、近海装置、构造物和/或移动装置。

（4）船舶使用活动必须在合同约定的作业区域（area of operation）以内，该区域则应当在国际航行区域范围（international navigation limits）内。

（b）除非另有约定，承租人无权将船舶作为 ROV（遥控潜航器）作业平台使用，也不得将船舶作为潜水平台（diving platform）使用。

（c）承租人应当从负责当局取得船舶进入、在其中工作并离开经营区域所需要的有关许可和证书。如有必要，出租人应在可能情况下协助承租人以保证取得这些许可和证书。如有必要，承租人应协助出租人办理船员在作业区域的工作许可和签证。

（d）船舶的全部容积（reach）、载重量（burden）和甲板（deck）应由承租人使用，但应留出正常和足够空间供船长、船员居住以及存放索具、舾装、家具、食品和物料。只要有可用舱容，承租人有权为与其经营有关的目的进行以下运输：（1）船员以外的非收费（other than fare paying）人员。为运输这些人员，承租人有权利用航次中未经船员使用的舱室。出租人应为这些人员提供合适的伙食和必需品，对此承租人应按约定标准支付餐费和舱室使用费。（2）合法货物，不论装在甲板上还是舱内。（3）爆炸物和危险品，但应进行适当通知并按船籍国规则和/或《国际海运危险货物规则》（IMDG Code）和/或其他有关规则进行标志和包装。

7. 第 7 条 船长和船员（Master and Crew）

根据本条，船舶的船长应当服从承租人的指示。船长应按承租人的指示签发货物单证，承租人对因此产生的全部后果对出租人承担赔偿责任。而且，此种货物单证不是提单，也不可转让，仅是作为货物收据，因为海工服务船舶运输的货物一般是供海上钻井平台等近海设施使用，不是用于转让的。船舶船员也应服从承租人的指示从事特定工作和操作。对于不满意的船员，承租人有权要求出租人予以更换。

与一般定期租船合同不同，海工服务船舶统一定期租船合同中的船舶需经常从事危险性作业或操作，比如船舶在恶劣天气和海况中在钻井平台附近作业，这也是海工服务活动的特点。因此，虽然船舶经营应当服从承租人的指示，但是船舶仍处于船舶出租人的排他性的控制之下，即出租人有权决定船舶经营是否安全。根据该款，如果出租人合理地认为承租人发出的指示对船舶或船员过于危险，其有权拒绝执行这一指示。在出租人履行合同时，承租人仅要求出租人实现作业结果而不过问其作业过程，在这一意义上，出租人可以视为承租人的独立合同人。

8. 第 8 条 出租人负责提供（Owners to Provide）

出租人应提供并支付所有的船员给养、工资和任何其他费用；所有船壳及其设备的保养和修理；以及除另有约定外，所有船舶保险、与船舶船旗和/或登记直接相关的所有税费；所有甲板和机舱物料以及船舶正常在港内锚泊所需的绳索，所有熏蒸和除鼠证书费用。出租人在本条下的义务还包括支付与船员有关的领事签证费的责任；在合同履行期间与船员私人物品，出租人负责提供的物料、给养和其他物品有关的海关或进口税。承租人或其代理人所支付的由出租人负责的有关费用，出租人应返还给承租人。

在交船时，船舶应当配备合同载明的任何拖带和锚操作设备，费用由出租人承担。

9. 第 9 条 承租人负责提供（Charterers to Provide）

当计算租金时（while the vessel is on hire），承租人应提供并支付所有的燃油、润滑油、淡水、消油剂、灭火泡沫及其运输费用，港口使费，引航费和运河通过费（不论是否强制提供引航或运河通过服务），交通艇费（除非与出租人负责项目有关），灯标费，拖船协助费，运河、码头、吨位和其他税费，承租人事项产生的代理费和佣金、保安费以及检疫费（如果因装运货物性质或在本合同下挂靠港口所引起）。

在任何时间承租人应提供并支付非由船员承担的货物装卸，清洁货舱，所有捆绑甲板货所必需的垫舱物料、支柱、支撑设备，所有非出租人负责提供的绳索，所有为装卸货实际使用的绳索和吊兜，保护货物所需的惰性气体以及近海工作使用的物资。所有使用的装卸货设备应当按照相关法规的要求通过有关检验和认证。

一旦订立本合同或在任何情况下不晚于交船之时，承租人应当向出租人提供船舶安全和有效操作所必需的任何操作计划或文件副本。出租人收到的所有文件在还船时应当退还给承租人。

承租人应当支付与船舶和设备有关的因本合同所要求或产生的海关税、许可证税、进口税（包括设立临时或长期进口担保金所需的费用）以及结关费等。

如果出租人或承租人放置在船上的任何锚操作、拖带、起吊缆绳及其附属设备发生灭失、损坏或不能使用，承租人应当支付这些设备的任何更换费用。

如果船上发现任何违禁品和/或未列入舱单的毒品和/或货物，承租人应当支付因此产生或征收的任何罚款、税款等。对由此产生的任何时间损失,承租人仍应支付租金。但是,如经证明船长和/或船员参与走私,则出租人应提供任何需要的财务担保。

与一般定期租船合同一样,SUPPLYTIME 第 8 条和第 9 条分别规定为履行租船合同下的服务,出租人和承租人各自应当提供和承担的项目,以及各自为船舶提供的有关事项。划分出租人和承租人各自提供和承担内容的一般原则为,如果某项目涉及船舶有关或由船舶引起(ship-side),则由出租人提供或承担;如果某项目涉及岸上活动或由岸上活动引起(shore-side),则由承租人提供或承担。

10. 第 10 条 燃油(Fuel)

本条规定,交船时的船上燃油不得少于约定数量,还船时的船上燃油应当足以使船舶能够航行到合同约定规格和等级燃油的最近加油港口。交还船时,船上燃油数量根据交还船检验确定。交船时,承租人按照合同约定价格或经出租人证明的价格向出租人支付交船时的船上燃油价款;还船时,出租人应当按照承租人证明的最后加油价格向承租人支付还船时的船上燃油价款。

承租人为船舶供应的燃油应当符合合同约定的规格和等级以及 MARPOL 公约和国际标准的相应要求。如果船舶轮机长有合理理由认为承租人所加燃油的规格和等级不符合合同约定,可以要求停止加油。停止加油期间,承租人应按合同约定支付租金。

11. 第 11 条 《国际船舶和港口设施保安规则》和美国《海上运输安全法》条款(BIMCO ISPS/MTSA Clause 2005)

本条包括 4 款,与 TOWCON 的同名条款内容基本相同,但须将承拖方和被拖方相应变更为出租人和承租人。

12. 第 12 条 租金及支付(Hire and Payments)

本条是关于 SUPPLYTIME 合同租金及其支付方式的规定,与一般定期租船合同相比,有以下三个特点:

(1)本条(c)款规定了在合同订立后可以对租金率进行调整。在石油钻井平台等近海工程施工过程中,由于法规的修改或实施方面的改变,如政府新制定的与安全施工或环境保护有关的法规或者已有的规定变得更为严格,在出现这些变化使出租人履约成本增加的情况下,本款允许对租金率作出调整。但是出租人成本变化必须是经文件证明的。为了保护承租人的利益,(g)款规定承租人可以指定独立审计人员对出租人的账面予以审计,以核实出租人所称的成本变化是否属实。

（2）本条(e)款规定,如果对于有关账单款项有合理的争议且有合理理由,承租人有权对有争议账单的全部或部分金额不予支付,但须在一定时间内(即不晚于账单到期日)通知出租人。

在"大西洋托尼尔（Atlantic Tonjer）"案[①]中,英国高等法院作出了与SUPPLYTIME 2017 有关的第一例判决。该案的争议焦点在于对本合同第12 条(e)款的解释,即如果承租人对于出租人的账单金额有异议,是否必须在合同约定的期限内(本案中为承租人收到账单之日起 21 日内)通知出租人,否则承租人将丧失对有争议金额不予支付的权利。英国法院认为,SUP-PLYTIME 2017 第 12 条(e)款的措辞十分清楚明确,承租人必须在约定期限内提出异议,否则必须按照账单足额支付而无权不支付有争议部分的金额。但是承租人仍有权根据第 12 条(g)款提出审计,或者就按照账单足额支付所产生的损失向出租人提出反索赔。

（3）在承租人未及时支付租金或者到期租金仍未支付时,出租人有权根据本条(e)款中止履行在本合同中的义务并由承租人赔偿出租人因此遭受的损失;而且在出租人向承租人发出支付通知后 5 日内承租人仍未支付的,出租人有权终止合同。

13. 第 13 条 停租（Off-Hire）

本条是关于中止支付租金的规定,相当于一般定期租船合同中的"停租条款"（Off-hire Clause）。SUPPLYTIME 中的中止支付租金规定具有如下特点:

（1）承租人有权中止支付租金的情况(即"停租情况")被约定得更为明确,即"船员或由出租人提供物料的不足或者船长、船员罢工,机器故障,船体受损或船舶发生其他事故"。

对于停租情况与停租的关系,应注意三个方面:其一,只有承租人证明所发生的停租情况致使船舶不能工作,对于因此损失的时间,承租人才有权不付租金。例如,当船舶在装载供应品时主机发生故障,但不影响装货,则

---

① Boskalis Offshore Marine Contracting BV *v.* Atlantic Marine and Aviation LLP (The " Atlantic Tonjer") [2019] EWHC 1213 (Comm) , [2020] 1 Lloyd's Rep 171.

不得停租,尽管主机故障属于停租情况。其二,承租人不需要证明停租情况与出租人违反合同有关,只要停租情况致使船舶不能工作即可,停租情况的原因对停租权不产生影响。其三,只有对于因停租情况造成的净损失时间,承租人才能停付租金。因此,原则上承租人不能对于发生停租情况的全部时间都停付租金。

(2)本条还明确规定了承租人不能停止支付租金的情况,即如果致使船舶不能工作的情况是由承租人所控制或负责的,则不能停租。这些情况具体包括:船舶装运货物,检疫(除非不是由于船舶使用所引起),绕航,由于恶劣天气船舶被迫进入港口等原因产生的延滞、冰封以及承租人、其受雇人或代理人的行为。

(3)假如船舶不能工作是出租人违约行为所造成,而且承租人能证明其因此遭受的损失超过其不必支付的租金,在一般定期租船合同下,承租人有权索赔超过停租期间租金的损失。但是,本条(b)款规定,出租人对于承租人因船舶不论任何原因不能工作所遭受的任何损失的责任应限于不得收取租金,除非承租人的损失是出租人未能遵守《国际船舶和港口设施保安规则》或美国《海上运输安全法》等法律或规定所造成。

(4)在一般定期租船合同下,船舶进坞和保养的时间通常视为停租情况,但这一做法并不适合于从事 SUPPLYTIME 所规定的近海服务的船舶,因为此类船舶经常需要进行较长时间的定期维修保养。为保障船舶维修保养时出租人的利益,本条(c)款规定在每一个月或不足一月按比例计算的时间中,出租人有 24 小时的时间用以维修保养船舶,在此期间承租人不得停租。这一时间可以累积计算,故出租人每次维修保养可实际利用的时间可能会超过 24 小时。

14. 第 14 条 责任和赔偿(Liabilities and Indemnities)及第 15 条污染(Pollution)

第 14 条和第 15 条是关于因履行本合同而产生的人身伤亡、财产损失以及污染责任,在出租人和承租人之间应如何承担的规定,沿用了海上拖航和海工服务领域标准合同中通用的“互撞免赔”(knock-for-knock)原则。

根据上述条款,承租人和出租人对合同履行中出现的人身伤亡、财产损害或污染损害所承担责任的总原则为,对于出租方成员遭受的人身伤亡或财产损害,承租人不负赔偿责任,即使此类损失是因承租方成员的行为、过错、违反义务或不履行合同所引起,即使此类损失完全或部分与船舶不适航有关。而且,如果承租方成员①对此类损失承担了赔偿责任的话,出租人应对承租方成员予以补偿;相应地,对于承租方成员遭受的人身伤亡或财产损害或与承租方成员财产有关的任何责任,出租人也不负赔偿责任,即使此类损失或责任是因出租方成员的行为、过错、违反义务或不履行合同所引起,即使此类损失或责任完全或部分与任何船舶不适航有关。而且,如果出租方成员②对此类损失或责任承担了赔偿责任,承租人应对出租方成员予以补偿。

对于合同履行中产生的污染损害,则采用按污染损害来源确定特定污染损害由谁承担的原则,即对于来自船舶的污染物所造成的污染损害,原则上由出租人承担,但货物所造成的污染除外。对于其他污染物所造成的污染损害,原则上由承租人承担。

第14条(b)款规定,任何一方不对另一方的相应损失承担赔偿责任(互相免责的损失);(c)款规定,相关方根据准据法或国际公约享有的责任限制的权利不受本合同条款的减损或影响;(d)款则规定了喜马拉雅条款的内容。

在发生污染的情况下,根据第15条(c)款,承租人应当有权(但没有义务),在向出租人或船长发出通知后,派遣一个或多个承租人代表到船上或任何污染或威胁事件现场观察出租人和/或国际或地方政府当局或其各种受雇人、代理人或合同人当时所采取的防止或减少污染损害的措施,同时以准据法所允许的方式由承租人承担风险和费用,提供建议、设备或人力或采取其他措施并且在承租人相信合理必要的范围内防止或减少此种污染损害或消除污染损害的威胁。

15. 第16条 残骸清除(Wreck Removal)

如果船舶成为残骸并影响航海安全而且根据对相关地区有管辖权的合法当局依强制性法律作出的命令不得不被清除,出租人应当对任何与船舶打捞、移除、清理(destruction)或设置灯光或标志有关的费用负责。

根据本条,出租人应当负责的是与船舶的残骸打捞清除等有关的费用。

---

① 根据SUPPLYTIME 2017的定义,"承租方成员"包括承租人和承租人客户及其各自的合资企业、关联实体、合同人和分合同人及他们的受雇人,但应以与船舶从事的作业或工程项目有关为限。

② 根据SUPPLYTIME 2017的定义,"出租方成员"包括出租人、出租人的关联实体、合同人和分合同人及他们的受雇人,但应以与船舶从事的作业或工程项目有关为限。

但是,对于船舶以外的承租人的财产的残骸打捞清除等费用,根据第 14 条,出租人对于因承租人的财产沉没而产生的残骸打捞清除等费用免除责任,或者即使出租人为此承担了责任,出租人也有权要求承租人对其予以赔偿。

16. 第 17 条　保险(Insurance)

(a)款规定,在租期内,出租人应当向有信誉的保险人投保保险并维持保险的效力,具体保险种类和限额按附件 B 确定。保险可以约定合理免赔额,此种免赔额应由出租人承担。经要求,承租人应当被列为共同被保险人,而且出租人应当要求保险人放弃对承租方成员的代位求偿权。[①] 但是,只有在出租人根据本合同所应承担义务和责任的范围内,承租人才能取得共同保险和放弃代位求偿权的利益。

(b)款规定,经要求,出租人应向承租人提供保险证书复印件以证明出租人已经遵守本合同关于保险的要求。

(c)款规定,如果承租人办理的保险承保其根据本合同对出租人予以补偿的风险,则承租人应确保其保险人放弃对出租方成员的代位求偿权,但仅以承租人根据本合同所应承担的义务和责任为限。

17. 第 18 条　救助(Saving of Life and Salvage)

与提供拖带服务的船舶所有人一样,救助也是提供海工船舶服务的出租人的重要商业经营活动之一。由于实践中用大型远洋拖船提供海工船舶服务较为普遍,这些拖船的出租人在按照本合同提供海工船舶服务的期间,也希望能尽可能保留从事救助服务的可能性。因为能够在重大海难事故发生时及时提供救助,既有利于提高这些拖船所有人作为职业救助人的声誉和能力,也有利于提高其经济效益,好处显而易见。

本条对出租人在租期内的救助包括三个方面的内容:

(1)救助人命的绕航自由

本条(a)款规定,为救助海上人命(但不包括财产),出租人有权自由绕航。只要出租人向承租人尽快发出了绕航的通知,救助人命期间的租金仍照常计算。

---

① 第三人对保险标的的损害应由保险人负责赔偿的,保险人自向被保险人赔偿保险金之日起,在赔偿金额范围内可以取代被保险人行使被保险人对第三人请求赔偿的权利。此种权利称为"代位求偿权"。

（2）进行救助的自由

本条（b）款允许出租人在承租人同意时自由进行或试图进行救助，而且承租人不得不合理拒绝同意出租人救助。在出租人行使救助的自由权利时，（i）在未提供本合同下的服务的时间内，船舶租金应当停止支付；而且（ii）如果救助成功而且船舶有权取得救助报酬的，扣除出租人的各项损失和费用（具体项目如上）之后的救助报酬应当由出租人和承租人平分。

（3）对承租人财产进行的救助

如果船舶对作为本合同服务对象的承租人财产进行救助，根据本条（c）款，出租人放弃对承租人请求救助报酬的权利而仅以本合同为基础进行救助。船舶从事此种救助时，即使在出租人或船长船员有过失或违约的情况下：

（i）船舶租金仍继续计算。

（ii）承租人负责承担：（1）出租人不得不支付给船长、船员的与此种救助有关的任何款项；（2）船舶所遭受的任何损失；（3）在近海作业现场发生的污染物溢出和排放损失，以及由此产生的在任何地点发生的污染损害；（4）任何与此种救助有关的财产损失或人身伤亡。

（iii）在对此种救助造成的船舶损害进行修理期间，租金仍继续计算，而且这种修理时间不得计入允许的修理保养时间。

18. 第 19 条 留置权（Lien）

为了保障根据合同向承租人提出的所有索赔的实现，出租人对所有货物和设备有留置权。同时，承租人为保障已事先支付却仍未被挣得的所有款项的返还，对船舶有留置权。承租人不应使船舶承担他们或其代理人招致的，可能优先于出租人对船舶的权利和利益的任何留置权或负担，也不得允许此种留置权或负担继续存在。

如果船舶由于根据本合同的作业引起的索赔或留置权而被扣押，除非是由出租人的行为或疏忽所造成的，承租人应当自负费用，采取一切合理措施确保船舶在合理时间内获释，并应自负费用为释放船舶提供担保。除第14条另有规定外，对于租期内船舶在承租人控制下发生的任何性质的留置权，以及由于承租人经营船舶或承租人与船舶或船舶经营有关的任何疏忽所引起的针对出租人的任何索赔，承租人应对出租人予以补偿并使之不受损害。

根据本条，在承租人未根据本合同向出租人支付有关费用或赔偿的情况下,出租人有权留置船舶载运的货物或设备以保障出租人的利益。同时,承租人也有权留置船舶以保障其对出租人权利的实现。该条内容比 TOW-CON 中的留置权条款更为广泛。

19. 第 20 条 转租和转让(Sublet and Assignment)

本条(a)款规定,承租人可在向出租人发出书面通知的情况下,自由将船舶转租给不与出租人竞争的任何个人或公司,但须经出租人事先同意,对此出租人不得不合理拒绝。原承租人应继续在合同履行方面对出租人负责。为了本合同的所有目的,接受此种转租的个人或公司应被视为是承租人的合同人或分包人,出租人同意转租的条件之一是,鉴于船舶将要进行的服务工作的性质和期间,承租人同意支付约定的额外租金。

本条(b)款规定,未经承租人书面同意,出租人不得将本合同的任何部分转包给其他人,但承租人不得不合理拒绝同意。承租人同意出租人转让合同并不解除出租人适当履行其转让的部分合同服务的责任。

本条允许承租人在出租人同意的条件下将船舶转租给其他人,同时,在承租人同意的条件下,出租人也可以将合同约定的一部分服务转包给其他人,但是,对于转包的这部分服务,出租人对承租人仍然负有履行责任。

20. 第 21 条 替代船(Substitute Vessel)

以承租人事先同意为条件,出租人有权在交船前或租期内的任何其他时间提供同等性能的替代船舶以履行本合同。对于出租人提供替代船的请求,承租人不得不合理拒绝。

本条是租船和海上拖航等合同中常见的替代船条款。在合同约定船舶不能履行合同,或者在出租人根据本合同的转租和转让条款(第 20 条)将合同服务进行分包的情况下,出租人都可能通过替代船来履行其在合同下的义务。在事先征得承租人同意的情况下,出租人有权提供同类型的替代船履行合同,对于出租人的合理要求承租人不得拒绝或拖延回复,但出租人根据合同所应承担的义务和责任不受影响。

21. 第 22 条 战争风险条款(BIMCO War Risks Clause "CONW-ARTIME 2004")

本条(a)款规定,出租人(owners)包括船舶所有人、光船承租人、二船东(租船船东)、船舶经理人或负责船舶管理的经营人以及船长;战争风险(war risks)包括任何实际的、威胁的或报道的船长和/或出租人合理判断为对船舶、其货物、船员或船上其他人员构成危险或可能构成危险的任何人员、组织、恐怖分子或政治团体或者任何国家政府实施的战争、战争行为、内战、敌对行为、革命、叛乱、民变、类似战争行为、布置水雷行为、海盗行为、恐怖分子行为、敌对或恶意破坏行为、封锁行为[①]。

本条（b）款规定，除事先取得出租人的书面同意外，在船长和/或出租人合理判断船舶、其货物、船员或船上的任何其他人在任何港口、地点、地区或区域（无论是岸上还是海上）或任何航道或运河将会或有可能面临战争风险的情况下，船舶不得被要求继续前往或通过这些地点。如果拖船已经在上述地点之内，而这些地点在船舶进入后变得危险或有可能变得危险，则船舶有权自由离开。

本条（c）款规定，船舶不得被要求装运违禁货物，或通过任何封锁区，无论这些封锁区是针对所有船舶，或仅针对特定船货或所有人的船舶，或针对特定货物或船员或其他事项，也不得被要求前往应当或可能会遭受敌对方搜查和/或没收的地区。

本条（d）款规定，如果船舶开往或通过具有战争风险的区域，对于出租人保险人所要求的附加保费以及出租人办理附加战争险所产生的额外费用，承租人应当对出租人予以补偿。

本条（e）款规定，承租人根据（c）款应当向出租人补偿的保险费用，承租人应当在其收到出租人经证明的账单或还船之时（以较早时间为准）的15日内予以结清。

本条（f）款规定，如果因船舶驶入具有上述危险的区域出租人根据雇用合同规定应当向船员支付与此有关的奖金或额外工资，则实际支付的奖金或额外工资在下一期租金到期之时或在还船之时（以较早时间为准）应由承租人补偿给出租人。

本条（g）款规定，船舶可以自由：（i）遵守船舶船旗国政府或出租人应受其法律约束的其他政府或任何其他有权强制遵守其命令或指示的政府所发出的，与开航、到达、航线、护航、挂靠港、停航、目的地、卸货、交付或其他方面有关的任何命令、指示或建议；（ii）遵守根据战争险保险规定有权作出命令、指示或建议的任何战争险保险人所发出的命令、指示或建议；（iii）遵守联合国安理会的任何决议、有权发出命令的任何其他多国组织所发出的生

---

① 不论该封锁是针对所有船舶还是选择性针对特定国家或所有人，或针对特定货物、船员或以其他方式实施。

效命令、出租人受其法律约束国家的国内法以及受其法律约束国家的有关机关的命令和指示;(iv)当货物可能使船舶被没收时,在任何其他港口卸下全部或部分货物;(v)有理由相信船员或船上的其他人员可能被拘留、监禁或处以其他制裁时,挂靠任何其他港口全部或部分更换这些人员。

本条(h)款规定,如果按照本条上述规定,出租人拒绝开往装货或卸货港,出租人应当立即通知承租人。在出租人通知承租人准备将货物卸在其他港口并要求其指定一个安全的卸货港口之前,出租人不得将货物卸下。如果承租人在收到出租人的通知和要求后48小时内未指定卸货港口,出租人可以将货物卸在他们选择的任何安全港口。

本条(i)款规定,如果船舶遵守本条(b)款至(h)款航行,致使出租人由于签发货物单证而被提出索赔,承租人应对出租人由此遭受的损失予以补偿。

本条(j)款规定,如果一方遵守本条(b)款至(h)款规定做或不做某事,此种行为不得视为违反合同,而应被视为对本合同的适当履行。

22.第23条　战争解除合同条款(War Cancellation Clause 2004)

本条规定,在合同约定的国家之间爆发战争时(无论是否宣战),本合同的任何一方可以解除本合同。

第22条和第23条规定了发生战争风险情况下,出租人和承租人根据合同具有的权利以及相关费用的承担。[①]

23.第24条　定期租船合同冰冻条款（BIMCO Ice Clause for Time Charter Parties）

本条规定与TOWCON 2021第18条拖船和被拖物冰冻条款内容相似,可比较参考第三章的相关内容。

24.第25条　定期租船合同感染或传染疾病条款（BIMCO Infectious or Contagious Diseases Clause for Time Charter Parties）

在结构上,本条对疾病、受感染区域等用语作出了定义,明确规定了相关感染或传染疾病风险是否存在应以船长/出租人的合理判断为依据,以及出租人有权利拒绝承租人与感染疾病或受感染区域有关的指示,有权遵守有关当局与此有关的命令、指示,并且不构成违反合同,对于出租人因此遭

---

① 关于第22条规定的战争风险及其与其他条款的关系,可比照参考本书第三章的相关内容。

受的损失,承租人应予以补偿。这有利于增强可操作性并减少纠纷。

25. 第 26 条 健康和安全(Health and Safety)

本条规定,出租人应当遵守和执行与健康和安全有关的任何适用的国际、国内和当地的法规以及与船舶的船旗国义务不相冲突的承租人的相关指示。

26. 第 27 条 药物和酒精保险单(Drugs and Alcohol Policy)

本条规定,出租人保证投保了适用于船舶的药物和酒精滥用保险并在租期内维持该保险有效。出租人应谨慎处理保证遵守该针对船舶的保险单的要求。

第 26 条和第 27 条是关于健康、安全以及药物和酒精保险的规定。根据这些规定,出租人应当遵守和执行有关健康和安全的法规和承租人的指示,并应投保适用于船舶的药物和酒精滥用保险并维持其在租期内有效。

27. 第 28 条至第 31 条

SUPPLYTIME 2017 第 28 条为反贿赂标准条款,第 29 条为海事劳工公约条款(MLC 2006),第 30 条为制裁标准条款,第 31 条为指定实体条款,这些条款本书不作赘述。

28. 第 32 条 税款(Taxes)

本条规定,出租人应当负责缴纳合同所约定的应由出租人缴纳的税款,即该税款已含在租金之中,承租人应当负责其他税款的缴纳。当作业区域变更或当地法规和/或其解释变化致使本合同订立后或船舶开始使用后(以时间较早的为准)出租人缴纳税款的责任发生不可避免并经文件证明的变化,则租金应作相应调整。

29. 第 33 条 休航(Lay-up)

本条规定承租人在租期内有权通知出租人安排船舶休航,并按照出租人预计的降低的租金率支付休航期间的租金,但需要承担在休航期间以及重新使用船舶时所产生的合理费用。

30. 第 34 条 合同的提前解除(Early Termination)

本条(a)款规定,在合同对提前解除合同补偿作出约定的情况下,本承租人在租期届满前可以向出租人发出通知以提前解除合同。承租人提前解除合同的,应当向出租人支付约定的提前解除合同补偿(体现为一定金额的租金)和遣返费,以及到解除合同之时的应付租金或其他款项。

本条(b)款规定,在发生合同所定义的征用(requisition)①、没收(confiscation)②、破产(bankruptcy)③、船舶灭失(loss of vessel)、不可抗力(force majeure)④、保险(insurance)之任何一种解约事件(termination event)的情况下,当事人有权根据合同约定解除合同。双方在这些情况下所享有的其他权利不受影响,而且承租人在本条规定的情况下解除合同,不得免除其支付租金和任何其他款项的义务。

另外,本条(c)款和(d)款还对预期违约和停租情况下的合同解除权分别作出了规定。

31. 第 35 条 不可抗力(Force Majeure)

本条规定,如果本合同任何一方由于本条所列明的任何一种事件或情况的影响或妨碍不能根据本合同履行其任何或全部义务的,该方对因此造成的任何损失或迟延不承担责任,但是该方应尽所有合理努力避免、减少或防止此种事件或情况的影响。主张不可抗力的一方,应当在任何上述事件或情况发生后 5 日内向另一方书面通知此种情况。

本条是关于不可抗力的标准条款。对于本合同一方因本条规定情况而不能履行义务所造成的任何损失,对另一方不承担赔偿责任。而且,根据第34 条(合同的提前解除),本合同任何一方在不可抗力发生的情况下,也有权解除合同,但是对于在合同解除前本应支付的租金和其他款项,承租人仍应支付给出租人。

32. 第 36 条 保密(Confidentiality)

由任何一方所提供或取得的与履行本合同有关的任何信息或数据均属秘密并应予保密,一方未经另一方事先书面同意,不得披露。当事人应当尽最大努力保证此种信息不得被其独立合同人、受雇人和代理人披露给任何第三人。本条规定不适用于已经公开的或属于公共信息的任何信息或数据。一方当事人提供的任何信息和数据是并应始终是该方的财产。

---

① 即由船舶登记国或船旗国政府或其任何部门正式要求取得船舶所有权或以付租金的方式占有船舶或以其他方式占有船舶,供政府或其部门履行职责之用(如战争、救灾等)。

② 即由无论是否声称作为政府或代表政府行事的个人或团体在租期内没收、征收、剥夺、扣押或以其他方式占有船舶。

③ 即一方当事人由于法院等作出命令或自身通过决议而关闭、解散、清算或破产,或者接管者已被指定或中止支付款项或停止进行业务。

④ 不可抗力的具体种类参见 SUPPLYTIME 2017 第 35 条。

本条所欲针对的情况是,当出租人在履行本合同时,有可能了解到与承租人经营有关的机密信息,比如将来有开发前景的新油气田的位置等资料。根据本条,出租人负有保守这些秘密信息的义务,在出租人有可能违反关于承租人经营情况的保密义务的情况下,承租人有权向法院申请禁止出租人的泄密行为,并有权索赔由此产生的损失。

33. 第 37 条 争议解决条款（BIMCO Dispute Resolution Clause）

本条分别规定了四种法律适用与争议解决方式,即适用英国法在伦敦仲裁;或者适用美国法在纽约仲裁;或者适用新加坡法（或英国法）在新加坡仲裁;或者适用当事人约定的法律并在约定的地点仲裁,由合同当事人选择。本条(e)款还规定,当事人可以在任何时间约定以调解方式解决争议。本条最后规定,如果当事人对于法律适用和争议解决方式未作约定,则应当适用(a)款（即适用英国法在伦敦仲裁）解决争议。除仲裁方式外,当事人也可以按照(e)款自愿选择调解方式（mediation）解决争议。

34. 第 38 条 通知（Notices）

本条规定,任何根据本合同作出通知的一方应当确保该通知被有效地发送,而该通知应被视为在接收方工作时间内被收到。如果通知在接收方工作时间之外被发送,则该通知应被视为在接收方的下一个工作日被收到。双方应当使用本合同约定的出租人和承租人联系方式发送和接收通知。

35. 第 39 条 标题（Headings）

本条规定,本合同的标题仅供识别之用,不得被视为条款的组成部分,也不得在解释本合同时予以考虑。

36. 第 40 条 可分离性（Severance）

本条规定,如果本合同的任何规定由于任何立法或判决被视为或判为全部或部分非法、无效或不可执行,本合同的任何其他规定应不受此影响并仍然保持完全有效。

37. 第 41 条 全部协议（Entire Agreement）

本条规定,本合同,包括合同的任何附件,是双方当事人（即出租人和承租人）的全部协议,并取代任何此前的书面或口头的备忘并且不得被变更,除非已作出双方当事人签字的书面修改。

第三节 BIMCO 重大件货物运输租船合同

在海上拖航合同中,承拖方和被拖方是合同双方当事人,由承拖方用拖船将被拖方的被拖船①经海路从一地拖至另一地,这里指的拖船和被拖船分别属于不同的当事人。但是,在拖船和被拖船由同一人所有或经营的情况下,拖船所有人和被拖船上货物的所有人之间就不是海上拖航合同法律关系,而是海上运输合同关系。在这一方面,美国和英国法律均采此种理解②,根据我国《海商法》第 164 条 "拖船所有人拖带其所有的或者经营的驳船载运货物,经海路由一港运至另一港的,视为海上货物运输" 的规定,我国《海商法》亦然。

在拖船所有人提供拖船和驳船进行海上运输的情况下,实践中存在不同的合同格式,其中使用较为普遍的是 BIMCO 重大件货物运输租船合同。

一、历史发展

BIMCO 重大件货物运输租船合同最初的英文名称为 Standard Transportation Contract for Heavy and Voluminous Cargoes,编号为 HEAVYCON。该标准合同的产生是重大件货物运输领域(heavylift sector)不断发展的结果,最早的 HEAVYCON 于 1985 年 11 月由 BIMCO 文件委员会在哥本哈根会议上通过。随着该领域的高速发展,越来越多的重大件货物类型和为此类货物设计的船舶在市场上大量出现。为适应这些发展变化,BIMCO 组织有关重大件货物运输的专家对 1985 年 HEAVYCON 作全面修订,修订后的最新版本于 2007 年 11 月由 BIMCO 文件委员会在哥本哈根会议上通过,英文名称改为 Standard Heavylift Charter Party,编号为 HEAVYCON 2007。HEAVY-

---

① 为便于比较,此处采用"被拖船"的表述,实际上准确的表述应为"被拖物"。从范围上看,被拖船应当包含在被拖物之内。

② Where the tug and vessel towed are owned or operated by the same person, ⋯ the relationship between the tug and the owner of goods being towed on the vessel will not be one of towage but that of a contract of affreightment. This is the position in American law. It is submitted that the position would be the same in English law. See Simon Rainey, *The Law of Tug and Tow and Offshore Contracts*, Informa Law, 2017, p. 8.

CON 2007 除了在内容上反映了商业实践的最新发展外，还试图适当扩大合同的适用范围。最早的 HEAVYCON 主要针对的是超重大件货物浮装浮卸（super-heavylift float-on/float-off）的特点的，修订后的合同在保留原有特点的基础上，也在一定程度上考虑了中型重大件货物的吊装式（lift-on/lift-off）或滚装式（roll-on/roll-off）等装卸方式的使用。修订者还希望修订后的合同能更灵活地适用于不同类型的重大件货物的远洋运输，包括不同的货物装卸方式、一个或多个装卸港、舱面或舱内积载等不同情况。

但是，超重大件货物运输与中型重大件货物运输确有很多不同之处，因此主要供前者使用的 HEAVYCON 并不能完全适合于后者的使用。例如，在中型重大件货物运输领域，货物通常被作为传统货物看待，对货物的责任适用《海牙规则》或《海牙−维斯比规则》，而主要适用于超重大件货物运输的 HEAVYCON 合同采用的则是类似于 TOWCON 和 SUPPLYTIME 的"互撞免赔"原则。为了满足不断发展的中型重大件货物运输的需要，BIMCO 于 2009 年推出了特别针对中型重大件货物运输的标准租船合同，英文名称为 Heavylift Voyage Charter Party，编号为 HEAVYLIFTVOY。其与 HEAVYCON 的最重要区别是，HEAVYLIFTVOY 中的货物责任适用《海牙规则》或《海牙−维斯比规则》。限于篇幅，本书主要讨论 HEAVYCON 的具体内容。

二、主要内容

本部分介绍 HEAVYCON 2007 第 2 部分重要标准条款的主要内容。

1. 第 1 条 定义

本条规定了本合同中使用的"出租人"、"承租人"、"船舶"、"装货港"、"卸货港"、"货物"以及"运输"等用语的含义。

在本合同中，"运输"是指货物的运输以及在附件 A 列明的装货、卸货和任何其他相关操作。因此，船舶的调遣和遣返不属于"运输"的范围，如有需要，当事人可以参照第 14 条约定承租人需另行支付的调遣费和遣返费。

2. 第 2 条 航次

本条规定了出租人谨慎处理使船舶适航的义务，该义务的履行时间是船舶到达装货港之前和当时。[①] 另外,出租人还负有合理速遣完成航次的义务。因此,如果出租人为了节省燃油需要船舶减速航行,应当征得承租人的同意。

3. 第3条　绕航/迟延/部分货物

本条(a)款是关于出租人自由绕航的一般规定,但此种自由绕航应以合理目的为条件,包括救助人命,协助或拖带遇险船舶(该自由对于同时身为专业救助人的出租人很重要),补充燃油,保障货物、船员、船舶安全等。而且根据(b)款,出租人应当将绕航迅速通知承租人。(d)款规定,在本合同约定的货物不是满舱满载货物的情况下,出租人有装卸其他货物的自由。当然,在实际中,很少有载运重大件船舶根据本合同所装运的货物不是满舱满载货物的情况。

另外,对于出租人为货物安全进行绕航而产生的时间损失,以及非出租人所能控制的原因,船舶在装卸货港口或地点发生迟延(但不包括其他地点发生的迟延)而产生的时间损失,本条规定承租人应当按照约定的延滞费率对出租人予以补偿。

4. 第4条　装货和卸货

本条是关于本合同中装货和卸货事项的规定,其中(a)至(c)款规定了装货,(d)至(f)款规定了卸货,(g)和(h)款规定了与装卸相关各项费用的分担。(a)款规定承租人应当在装货港内指定装货区域或地点,并须取得出租人和船长的认可,而(d)款也规定承租人应当在船舶到港前提前在卸货港内指定卸货区域或地点,并取得出租人和船长的认可。在实践中,重大件货物运输船的装卸货作业地点多是在比较偏远的非主要作业区域,该地点对于船舶是否安全,出租人可能比承租人更为了解,因此,通常由出租人对承租人指定地点的安全性加以审核和认可。

根据(c)款和(f)款,装卸货的具体方式可以由双方分别在合同第1部分第8栏和第9栏作出选择。如果双方约定采用吊装/吊卸或滚装/滚卸方式装卸货(中型重大件货物通常采用此种方式),则装卸通常由承租人负责安排并支付费用[参见(c)款和(f)款第(i)项]。如果双方约定采用浮装/

[①]　有学者对本条将适航义务的履行时间规定为到达装货港之前和当时提出质疑,认为本条应当与通常航次租船出租人的适航义务时间(即在装货港开航前和开航当时)保持一致。See Simon Rainey, *The Law of Tug and Tow and Offshore Contracts*, Informa Law, 2017, p. 353-354.

浮卸方式装卸货,则由出租人负责安排装卸并支付费用[参见(c)款和(f)款第(ii)项]。另外,在不同装卸方式中,合同对于双方各自应履行的工作和承担的费用都做了明确约定和划分,有利于实际操作。

根据(g)款,与船舶有关的各项费用包括港口规费、代理费、燃油费等,由出租人承担,除非合同另有约定。而根据(h)款,在依据当地主管机关或工会规定,岸上工人强制性从事与装卸货有关的作业时,此种强制作业产生的岸上工人的费用由承租人承担,但是,对于出租人分别根据(c)款(ii)项和(f)款(ii)项承担装卸货作业时,出租人为此安排的岸上工人的费用应由出租人承担。

5. 第5条 许可证/执照

本条规定,承租人应当支付与装卸货作业有关的必要许可证或执照的费用。原则上承租人还应负责办理有关证件,但如果有关证件只有出租人才能取得,则由出租人负责办理,而由承租人支付费用。在取得有关许可证或执照时的任何迟延,应由承租人承担,所产生的任何时间损失应按滞期费率计算,由承租人支付给出租人。

6. 第6条 税费

根据本条,在装卸港产生的与货物或运费有关的任何税费,都应由承租人支付。

7. 第7条 检疫

本条规定了承租人和出租人对于检疫手续和卫生限制所产生的时间损失和费用的责任承担。对于船上卫生条件所引起的检疫手续、卫生限制产生的时间和费用损失,由出租人承担。除此以外的检疫和卫生限制产生的时间和费用损失,应由承租人承担。对于时间损失,承租人按照约定滞期费率支付给出租人。

8. 第8条 开始装货/解约日

本条中,受载期(layday)又称装货日期,是指航次租船合同中约定的船舶应当做好装货准备的期限,一般为一段时间(即期间)。受载期有两层含义:一是出租人有义务在受载期内将船舶准备好以装载货物;二是承租人有义务在受载期的第一天前将货物准备好以装船。根据上文介绍的本合同第4条(a)款,承租人在装货港使本航次的货物在各方面备妥的日期不得早于受载期第一天,即承租人在受载期开始以前没有义务在装货港将货物准备好。

解约日(cancelling date)是指租船合同中约定的,船舶未能在某一日期之前到达装货港或交船港并做好装货准备,或不符合合同约定的交船条件,承租人可以解除合同的日期。船舶在解约日前未到达指定装货港或交船港,或虽已到达但船舶未备妥待装或交船,承租人有解除合同的选择权。解约日的约定既适用于定期租船合同,如出租人不能在解约日前交船,承租人有权解除合同[例如 SUPPLTIME 2005 第 2 部分第 2 条(c)款],也适用于航次租船合同,如出租人不能在解约日前做好装货准备,承租人有权解除合同(例如本条)。而受载期的约定一般仅在航次租船合同中出现。

为确定本合同下出租人有义务使船舶做好准备以便装货以及承租人有权解除合同的时间,本条(a)至(d)款规定了受载期和解约日的确定方式。对于受载期(特别是受载期第一天)的确定,本条给予当事人以很大的自由。具体说,出租人和承租人可以在第 10 栏约定一个期间,受载期第一天可以事后在此期间内确定。在第 11 栏中,双方可以约定一个确定受载期第一天的通知方式,并约定由出租人或承租人按该方式确定受载期第一天并通知对方。如上所述,受载期是出租人有义务准备好船舶以便装货的时间,对承租人非常重要,故实践中很少出现对于通知方式不作约定的情况,但如果双方未在第 11 栏约定通知方式,则通知方式由出租人确定。另外,双方可以决定受载期第一天经过多少天(天数在第 12 栏中填写)后,承租人可以解除合同,即解约日根据第 12 栏确定。如果第 12 栏未填写,则视为受载期第一天经过 14 天即可以解除合同。

根据(e)款,开始装货的时间应当在出租人选择的受载期第一天和解约日之间(包括这两天)的某一天。因此,在受载期第一天之前,承租人没有义务将货物准备好以便装船。但是,如果船舶能够在受载期第一天之前装货,承租人也可以选择接受较早的装船日期。

根据(f)款,在出租人不能在解约日前做好装货准备的情况下,其有权按该款约定方式确定一个新的解约日,该款也称为"质询条款"。这一规定对于双方都有利。对出租人而言,可以避免在不知道承租人是否会解除合同的情况下不得不继续前往装货港而可能产生费用损失,尤其对重大件货物运输船,该费用会很高昂;而对承租人而言,则可以根据出租人的事先通知重新安排装载计划,避免计划临时变更而产生的损失。根据(g)款和(h)款,在承租人因出租人不能在解约日前做好装货准备而解除合同的情况下,出租人对于承租人因解除合同和船舶未能做好装货准备所产生或遭受的损失不负责任,但应当将承租人预先支付但尚未挣得的金额退还给承租人。

(i)款则规定,如果承租人未能在免费装货时间(在第18栏约定,参见第13条)届满后14天内完成装船,而该情况是出租人无法控制的原因所引起的,则出租人有权选择解除合同或者仅装载部分货物开航。在此情况下,根据(j)款和(k)款,承租人应当向出租人支付合同解除费、全额运费(如装载部分货物开航)以及相应的滞期费。

9. 第9条 预先通知

本条是关于船舶预计备妥装货的通知的规定。本条允许出租人和承租人根据实际情况在第13栏中另行约定发出预先通知的时间间隔,在未约定的情况下,则适用本条(a)款的规定。(b)款还规定,当事人可以约定每隔若干天出租人应发出预计到达卸货港时间的通知。

本条规定预先通知的目的主要是使承租人对船舶到达或备妥装货的预计时间有所了解并做好相应准备,但不能据此确定准确装货时间及相应滞期费计算等问题。关于装货时间的正式和准确通知,根据第10条规定确定。

10. 第10条 装卸准备就绪通知

本条是关于装卸准备就绪通知的规定。如上所述,该通知与确定准确装卸时间的开始和滞期费的起算直接相关,因此很重要。顾名思义,装卸准备就绪通知是指依据航次租船合同,出租人向承租人递交的,声明船舶已经到达装卸港并在各方面做好装卸货准备的通知。该通知可以向承租人、其代理人或承租人指定的其他人递交。关于通知的被递交人,应根据第13栏和第14栏确定。根据本条规定,只要船舶满足了已经到达并在各方面做好装卸货准备的条件,出租人就可以在任何时间(包括公休日、节假日)递交通知,即使有检疫、海关、港口手续方面的要求也不例外。而且,本条对通知的形式也没有限制,通常理解出租人可以通过各种形式(包括传真、电传、电子邮件或其他方式)递交。关于递交装卸准备就绪通知书与免费时间、滞期费等的关系,参见第13条。

11. 第11条 海事检验人/船舶和货物的状况

本条是关于在运输开始前船舶和货物状况以及海事检验人对船舶货物是否适于运输进行检验的规定。根据本条,承租人应当安排双方事先同意并载明在第 15 栏中的海事检验人对船舶货物进行检验并批准本次运输。如果未事先确定海事检验人,则双方应商定由货物保险人接受的海事检验人进行检验。如果海事检验人经检验认为货物不适合运输,则出租人有权解除合同,在合同解除情况下,承租人应当向承租人支付合同约定的解除合同费。

12. 第 12 条 运费

本条(a)款规定了运费支付方式,即按照双方约定的支付条件分期支付。如果双方没有对运费支付条件作出另行约定,本合同默认的支付方式为,在装货完成而且签发货物收据或提单之时全额预付。因此,第 17 栏对运费支付未作约定的,如果承租人没有预先支付运费或仅支付了部分运费,出租人在货物装船完成后有权不向承租人签发货物收据或提单。(b)款规定,在因法律法规发生变化导致出租人成本不可避免地改变而且能够由文件加以证明的,双方也应当对约定的运费进行相应调整。类似(b)款的规定在其他近海服务或油气开采服务合同(如 SUPPLYTIME)中也出现过,故对于重大件货物运输合同(在近海服务中也经常使用)的承租人和出租人来说,也是可以接受的。

13. 第 13 条 免费时间/滞期费

本条是关于免费时间和滞期费的规定。所谓免费时间,相当于一般航次租船合同中的装卸时间(laytime),即在航次租船合同情况下承租人可用于装卸货物的时间。在此期间内,出租人应使船舶处于适合装卸货物的状况,并且除运费外,不得收取额外费用。因此,在免费时间内,并非出租人不收取任何费用,而是不收取除运费以外的额外费用。

本合同的免费时间应由双方具体在第 1 部分第 18 栏约定。在该栏中,应当分别约定装货免费时间的天数①、装卸货的总免费时间的天数和通过运河的免费时间(如有)。应当注意,本合同中的免费时间在船舶通过运河的情况下也适用,这与一般航次租船合同约定的装卸时间仅适用于装卸货时间有所不同。

根据本条,船舶装卸货物所使用的总时间超出第 18 栏约定的总免费时

---

① 第 18 栏规定的装货免费时间的作用在于,根据第 8 条(i)款,如果由于出租人无法控制的原因货物在该时间届满后 14 天仍未装完,则出租人有权选择解除合同。当然,在出租人不选择解除合同的情况下,如果最终的装卸货和通过运河(如有)所使用的总时间超出总免费时间,承租人应按超出的时间向出租人支付滞期费。

间的情况下,应当向出租人支付滞期费。

滞期费应当按照第 19 栏约定的滞期费率乘以滞期时间(不足一天的按比例)计算。滞期时间等于装卸货和通过运河(如有)所使用的总时间减去总免费时间。根据(a)款,所使用的装卸货时间从出租人递交装卸准备就绪通知时起算,直至货物在船上全部绑妥并经海事检验人检验批准或者货物从船上完全卸下之时。出租人递交装卸准备就绪通知前货物已经进行装卸的,实际使用的装卸时间同样计入。但是,根据(c)款,在装卸货物过程中,由于船长、船员缺乏,罢工或停工或者由于船舶或其设备故障而损失的时间,不应计入所使用的装卸货时间;如果这些情况发生时,船舶已经进入滞期,也不应计入滞期时间。根据(d)款,每产生一天滞期,承租人就应支付该天的滞期费,承租人应当将出租人账单所确定滞期费金额支付到出租人指定银行账号。

14. 第 14 条 调遣/遣返

本条规定的调遣费和遣返费不是强制性的,该费用是否需要支付以及支付的金额可以由当事人自由约定,并填写在第 20 栏和第 21 栏中。如果这两栏未填写,则承租人无须支付调遣费和遣返费。

15. 第 15 条 通过运河

本条与通过运河有关的规定只有在当事人于合同中约定(即第 7 栏中注明)本合同运输通过运河时才予适用。

当事人对通过运河作出约定时,在正常通过运河的情况下,应按本条(a)款确定承租人是否应当向出租人支付滞期费用以及该费用如何计算;同时,应按(b)款确定是否对以约定运河通行费为基础计算的运费进行调整。

根据(a)款,实际通过运河时间,应从船舶到达通过运河所必经的引航站或习惯等候地点开始计算,直至船舶通过运河驶向外海最后出港、引航员下船时为止。如果实际通过运河时间超出通过运河的免费时间,则承租人应按滞期费率乘以超出时间向出租人支付滞期费用。

根据(b)款,出租人实际支付的运河通行费超出约定金额的,承租人应按出租人提交的账单向出租人偿还增加的运河通行费和/或出租人实际支付的对运输通过运河所征收的任何额外费用。

在通过运河因非出租人所能控制的原因变得不可能时,根据(c)款,承租人应当向出租人支付按延长的航次时间和约定的滞期费率计算的滞期费用,以及出租人因航次延长产生的任何其他费用(包括燃油费)和船舶因等候通过运河通常产生的费用,但应扣除出租人所节省的运河通行费。在通过运河变得不可能的情况下,根据(d)款,出租人还可以选择将货物在最近的安全合理地点卸下并视为适当履行了本合同。在此情况下,本合同的其他有关规定同样适用。

16. 第 16 条 燃油价格调整

本合同约定的运费是以按照约定价格消耗约定数量的燃油为基础确定的。因此,当合同约定的燃油价格与出租人实际支付的燃油价格不一致时,本条规定,承租人应当将超过合同价格的部分支付给承租人,而出租人则应当将低于合同价格的部分支付该承租人。

17. 第 17 条 冰冻条款

本条是 BIMCO 航次租船合同冰冻标准条款。总的原则是,在冰冻情况下,船舶没有义务破冰航行,但经出租人同意,可以跟随破冰船航行。(a)款规定,在船舶开往装货港过程中发生冰冻的,出租人应通知承租人,如果承租人未指定替代装货港,出租人可以选择解除合同并索赔收入损失。船舶在进入装货港后发生冰冻的,出租人可以在通知承租人后让船舶连同船上货物一起离开装货港,等待承租人指定替代装货港;承租人未指定的,出租人可以将船舶开往任何地点以完成航次。(b)款规定,在船舶开往卸货港过程中发生冰冻的,出租人应通知承租人,承租人未选择让船舶等待或开往替代卸货港的,承租人可以将船舶开往最近安全港口卸下货物。在船舶进入卸货港后发生冰冻的,出租人可以在通知承租人后让船舶连同船上货物一起离开卸货港,等待承租人指定替代卸货港;承租人未指定的,出租人可以将船舶开往最近的安全地点卸下船上剩余的货物。(c)款规定,如果货物在合同约定的卸货港以外的港口被交付,承租人应按在原定卸货港卸货一样支付运费,而且在替代卸货港与原定卸货港的距离超过 100 海里的,运费还应按比例增加。

18. 第 18 条 危险货物

本条要求承租人必须按照有关国际公约或其他规定对危险货物进行包装、储存或堆放。因货物的危险性质产生任何运输迟延的,承租人应向出租人按约定的滞期费率支付费用。

19. 第 19 条 留置权

本条规定,出租人为取得承租人根据合同应支付但尚未支付的运费以及其他有关费用,对于货物和承租人的设备有留置权。

20. 第 20 条 替代船

本条规定,出租人有权在解约日以前用另一同等条件的船舶替换合同约定的船舶,但应经过海事检验人核准和承租人的事先认可(对此承租人不得不合理拒绝)。但根据本条,作出替换是出租人的权利而非义务,即本条并不要求出租人必须用另一船舶替换合同约定的船舶。

21. 第 21 条 合同解除

如果双方约定了解除合同费用并将金额填写在第 24 栏,则承租人可以根据本条在船舶到达第一装货港之前,或者在到达第一装货港之后、开始装货之前解除合同,但应分别向出租人支付解除合同费用以及其他相关费用。

22. 第 22 条 责任和赔偿

本条规定出租人和承租人因合同履行所引起,或与之有关的财产或人身的损失或责任的分担应遵循"互撞免赔"原则。简言之,承租人对于与货物有关的损失和责任以及承租人一方人员的人身伤亡承担责任,而出租人对于与船舶和非合同运输的其他货物有关的损失和责任以及出租人一方人员的人身伤亡承担责任。即因一方在合同履行中的各种损失(不论是财产损失或责任,还是人身伤亡损失或责任)而产生的索赔,应由该方自己承担责任。但是,这一原则不适用于本合同第 24 条污染、第 29 条双方有责碰撞条款和第 30 条共同海损与新杰森条款所规定的情况,这些情况下的责任承担应分别适用相应的规定。

23. 第 23 条 相应损失

本条规定,本合同任何一方对于另一方因本合同履行或不履行所引起,或与之相关的任何相应损失不负赔偿责任,各方应当对另一方因本方成员提出的任何相应损失索赔所遭受的损失予以补偿并使之不受损害。

24. 第 24 条 污染

本条规定,哪一方对于本合同履行中产生的污染损害承担责任,原则是来自货物或承租人财产的污染损害由承租人承担,来自船舶或出租人财产的污染损害由出租人承担。

25. 第 25 条 提单或货物收据

在重大件货物贸易中,经常会有不需要在运输过程中转卖货物的情况,在这种情况下就可使用货物收据,而无须签发提单。货物收据的好处在于,承租人指定的收货人在目的港提取货物只需要向出租人提供身份证明即可,而无须出示收据(如果签发了提单,则收货人只能出示提单才能提取货物),从而减少因收据流转时间较长所带来的提货延误和麻烦,对于出租人和收货人都有利。

基于货物是否需要转卖或有其他方面的考虑,本条规定,对于在HEAVYCON 2007 下装运的货物,承租人和出租人可以选择签发提单或者是不可转让的货物收据。双方的选择应当在第 25 栏中载明。如果双方选择签发提单,则本条(a)款适用;如果选择签发货物收据,则本条(b)款适用。出租人所签发的提单或收据应使用与本合同相配合的形式,即HEAVYCONBILL 和 HEAVYCONRECEIPT,而且都应并入本合同的条款并载明单独在提单或收据中使用的条款。根据这些单独在提单或收据中使用的条款,除非另有约定,货物应装于甲板上(实践中大部分的重大件货物都是装于甲板上)并由托运人承担风险,出租人对于任何原因造成的任何货物损失不承担责任(与出租人根据本合同第 22 条"互撞免赔"原则所承担的责任相一致)。但是,如果货物通过约定装于甲板下,出租人在提单合同中应当根据《海牙-维斯比规则》或实施该规则的相应国内立法承担对货物的责任,而在签发收据的情况下,出租人即使对于装于甲板下的货物的任何损失也不承担责任。

26. 第 26 条 保险

本条关于保险的规定是与第 22 条责任和赔偿条款相衔接的,应将这两条联系起来理解。根据第 22 条,对于与货物有关的损失和责任以及承租人一方人员的人身伤亡,由承租人承担责任。因此,根据本条(a)款,承租人应当对货物损失或货物产生的责任(如人身伤亡责任、相继损失责任和残骸清除责任等)安排保险,并支付保险费用,而出租人既不承担相关保险费用,也不应因承租人的保险人行使代位求偿权而遭受损失。同样,根据第 22 条,对于与船舶和非合同运输的其他货物有关的损失和责任以及出租人一方人员的人身伤亡,由出租人承担责任。因此,根据本条(b)款,出租人应当对船舶损失或船舶产生的责任安排保险[①],并支付保险费用,承租人不应承担保险费用,也不应因根据第 22 条应由出租人承担的责任而遭受损害。

---

① 关于出租人安排的具体保险种类,可参考 SUPPLYTIME 2005 附件 B 保险的内容。

27. 第 27 条 喜马拉雅条款

本条规定的喜马拉雅条款内容类似于 TOWCON 标准合同和 SUPPLY-TIME 标准合同中的同名条款。

28. 第 28 条 救助

本条与 SUPPLYTIME 2017 第 18 条内容基本相同。

29. 第 29 条 双方有责碰撞条款

根据本条规定,在船舶由于出租人的船长、船员、引航员或受雇人在驾驶或管理船舶中的疏忽以及另一船的疏忽而与另一船发生碰撞,并导致船舶上的货物受损的情况下,如果受损货物所有人就全部货损向另一船所有人提出索赔,而另一船所有人在赔偿货损之后,由于该货损不应完全由其承担,又向出租人主张追回或抵销本应由出租人承担的那部分损失,则受损货物的所有人应当将另一船所有人从出租人追回或抵销的那一部分货损补偿给出租人。本条规定的原则也适用于碰撞船舶之外的任何船舶或物体所有人也在碰撞事故中存在疏忽的情况。

30. 第 30 条 共同海损与新杰森条款

本条规定,合同履行中发生的共同海损应当在伦敦根据《1994 年约克-安特卫普规则》进行理算。而且,租金不分摊共同海损。如果理算根据美国法律和惯例进行,则应当适用新杰森条款,即"不论任何原因所导致的发生在开航前或开航后的事故、危险、损害或灾难,不论是否因疏忽所引起,如果出租人根据法律、合同或其他理由不对该事故、危险、损害或灾难或其后果承担责任,则货物、托运人、收货人或货物所有人应当与出租人分摊可能支付或产生的任何具有共同海损性质的牺牲、损失或费用,并应当支付所产生的与货物有关的救助报酬与特别费用。如果救助船由出租人所有或经营,救助报酬仍应全部支付,如同救助船属于另一人一样。如经要求,货物、托运人、收货人或货物所有人在货物交付前应当向出租人提供出租人或其代理人认为足以支付货物应承担的共同海损分摊额和任何救助报酬与特别费用的担保"。①

---

① 本条是关于共同海损理算及其分摊方式的规定。所谓共同海损,根据我国《海商法》第 193 条的规定,是指在同一海上航程中,船舶、货物和其他财产遭遇共同危险,为了共同安全,有意地合理地采取措施所直接造成的特殊牺牲、支付的特殊费用。关于共同海损制度,可参考我国《海商法》第 10 章以及相关海商法著作。

31. 第 31 条　战争风险

本条是适用于航次租船合同的战争风险标准条款,代号 VOYWAR 2004。主要内容包括:

(a)在本条中,"出租人"包括本合同约定船舶的所有人、光船承租人、二船东、船舶管理人或负责船舶管理的其他经营人以及船长;"战争风险"包括任何实际的、威胁的或报道的,经船长和/或出租人合理判断对船舶、货物、船员或其他船上人员构成危险或可能构成危险的任何人员、组织、恐怖分子或政治团体或者任何国家政府实施的战争、战争行为、内战、敌对行为、革命、叛乱、民变、类似战争行为、布放水雷行为、海盗行为、恐怖分子行为、敌对或恶意破坏行为、封锁行为①。

(b)在船舶开始装货前的任何时间,如果船长和/或出租人合理判断,对本合同或本合同任何部分的履行可能会使船舶、货物、船员或船上其他人员面临战争风险,出租人可以向承租人发出通知、解除合同,或者可以拒绝履行合同的相关部分以免使船舶、货物、船员或船上其他人员面临战争风险。如果合同约定了装卸货区域,而承租人指定的装货或卸货港可能使船舶、货物、船员或船上其他人员面临战争风险,出租人应当先要求承租人指定位于装卸货区域内的任何其他安全港口,而只有在承租人收到出租人要求重新指定的通知后 48 小时内未作出此种指定的,出租人才可以解除合同。

(c)在装货开始后或者在卸货完成前的航次的任何阶段,如果船长和/或出租人合理判断船舶、货物、船员或船上其他人员可能面临战争风险时,不应要求出租人继续装货、签发前往任何港口的提单、开始或继续任何航次、通过任何运河或航道、前往或停留在任何港口或地点。如果看起来存在战争风险,出租人可以通知承租人要求其指定可安全地卸下货物的港口,如果承租人在收到此种通知后 48 小时内未作出指定,出租人可以将货物在其选择的任何安全港口(包括装货港)卸下以最终履行本合同。出租人有权向承租人索赔此种卸货产生的额外费用,如果货物是在装货港以外的任何其他港口卸下的,出租人有权收取全部运费,如同货物被运到卸货港一样;如果卸货地点超过原卸货港 100 海里,出租人还有权收取额外运费。出租人就此种费用和运费对货物有留置权。

---

①　不论针对所有船舶还是选择性针对特定国家或所有人的船舶,或针对特定货物、船员或以其他方式实施。

（d）在装货开始后的航次任何阶段，如果船长和/或出租人合理判断船舶、货物、船员或船上其他人员可能在通常和习惯采用的航线途中的任何部分（包括任何运河或航道）面临战争风险，并且存在另一条到卸货港的较长航线，出租人应当向承租人发出将通过这条航线前往卸货港的通知。在此情况下，如果超出原来航线的距离大于100海里，出租人有权要求承租人支付额外运费。

32. 第32条 责任限制

本条规定，即使本合同另有任何相反约定，出租人应享有任何适用于本合同的现行有效的成文法或法律规定给予船舶所有人或船舶承租人的一切责任限制和免责的权利。不论合同以何种形式签署，出租人均可同样受益。

33. 第33条 利息

本条规定，根据本合同应付而到期未付的款项都应按月息1.5%或不足一月按比例计收利息，直至款项被收到为止。

34. 第34条 代理

本条规定，发给船舶的信件应寄交在装货港及卸货港的出租人代理。

35. 第35条 佣金

本条规定，出租人应按第28(i)栏中的费率向第28(ii)栏中所述的经纪人对运费、滞期费、调遣费、遣返费和/或解除合同费支付佣金。如果由于任何一方违反本合同，上述款项没有被全部支付，负有责任的一方应赔偿经纪人以使其免遭佣金损失。

36. 第36条 《国际船舶和港口设施保安规则》和美国《海上运输安全法》条款

本条共包括5款，与TOWCON以及SUPPLYTIME等标准合同的内容基本相同。

37. 第37条 船舶并靠作业

本条允许承租人为装卸货物和转船需要安排船舶进行安全性和习惯性的并靠作业。但如果船长认为承租人安排的并靠作业或其方式对于船舶不安全，船长有权拒绝此种作业。同时，由于并靠作业增加了船舶产生小额损失的风险，出租人有权对船舶保险单约定的免赔额以内的部分为船舶投保，由此产生的额外保险费和其他费用由承租人承担。

38.第 38 条至第 41 条

第 38 条保密条款、第 39 条争议解决条款、第 40 条通知条款以及第 41 条全部协议条款,与 SUPPLYTIME 标准合同相应条款内容基本相同,本书不再赘述。

参考文献

［1］司玉琢.海商法［M］.5 版.北京:法律出版社,2023.

［2］司玉琢.海商法专论［M］.北京:中国人民大学出版社,2018.

［3］傅廷中.海商法论［M］.北京:法律出版社,2007.

［4］王海明.船舶保险理论实务与经营管理［M］.大连:大连海事大学出版社,2005.

［5］王欣,吴煦.海上救捞实务与法律［M］.大连:大连海事大学出版社,2017.

［6］王欣.海上服务标准合同法律制度研究［M］.大连:大连海事大学出版社,2017.

［7］BENNETT H. The law of marine insurance［M］. London:Oxford University Press, 2006.

［8］SHEPPARD A. Modern maritime law and risk management［M］. 2nd ed. London:Informa Law from Routledge, 2014.

［9］RAINEY S. The law of tug and tow and offshore contracts［M］. 4th ed. London:Informa Law from Routledge, 2017.